幼児教育系学生のための日本語表現法

保育実践力の基礎をつくる初年次教育

久保田英助・大岡紀理子 編

森下 稔 監修

東信堂

はじめに──本書の構成

　初年次の学生にとって大学での生活は、希望にあふれていることだろう。そして、未来の理想の自分に近づこうと努力している最中だと考える。特に本書を手にしている学生は、将来の明確な目標があるだろう。
　大学生活において今までとは大きく異なる点の一つとして、課題提出やレポートなどの文章を書く作業が大変多いということである。こうした状況のなか、特に必要となっているもの、それが日本語表現である。これは、初年次だけではなく、むしろ初年次以降さらに重要なものになってくる。つまり将来、日本語表現技術を専門課程や実習などで記録という形で用いることや口頭発表という形で用いることもでてくる。しかし、この日本語表現技術はすぐに身につけられるものではない。そのため、初年次の今から習得しておくのである。
　大学で行われるであろう授業を想定し、本書は、第1章から第7章・補章という章立てになっており、半期15回程度の授業で日本語表現の技術が効率よく習得できるように構成されている。つまり、1章を2週かけて説明と課題の解説に用いることができる。具体的な事例を用いることにより、学生が学びを深めることを可能にしている。
　本書は、幼児教育系の学生を対象としており、保育の現場での書き物及び口頭発表を念頭において作成されたものである。そのため、日本語表現法を身近に感じてほしいとの思いより、各章で扱うテーマや例文、練習問題など、内容が幼児教育関係のものである。
　本書の構成を以下に示したい。
　第1章では、学習の基本として、書き言葉の基礎を学ぶ。メールやSNSで書いているような言葉ではなく、自分の伝えたい内容が正しく伝わる文章の書き方を学ぶ。

第2章では、敬語の種類と言葉を学び、適切に使い分けることを学ぶ。また、電話応対で使われる言葉やEメールにおける文章作成などから話し言葉や書き言葉の違いを学ぶ。

　第3章では、社説などの論説文を題材として、要約の技術を学ぶ。要約文とは、文章の要点を短くまとめたものである。幼児教育に関わる者にとって「まとめる」技術は様々な場面において不可欠であるため、正しく要約する技術を学ぶ。

　第4章では、ものごとの手順を正確にわかりやすく伝達する技術を学ぶ。ある物事の手順を説明する際、それが間違っていると重大な事故が起こることもありえる。そのため、手順を正確にわかりやすく説明する方法を学ぶ。

　第5章では、主張する文章の書き方を学ぶ。保護者や教師間などで自分の意見を説得力のある形で展開しなくてはならないことがある。そのための十分な日本語力を養うため、主張する文章の書き方を学ぶ。

　第6章では、現場で求められる書き物について幾つか紹介する。これまでに学んできたことをベースにし、書くことに苦手意識を持たないための実践的な日本語表現を学ぶ。

　第7章では、プレゼンテーションのスキルを学ぶ。幼児教育に関わる者は、書く以外に口頭発表をすることも多い。そのため、自身の意図が聞き手に正しく伝わる発表技術のポイントを学ぶ。

　本書は森下稔編集代表・大岡紀理子・谷口利律・鴨川明子編『第三版 理工系学生のための日本語表現法―アウトカム達成のための初年次教育―』(東信堂、2016年刊)とそのシリーズ本として出版された森下稔監修・吉田重和・古阪肇・鴨川明子編『体育・スポーツ系学生のための日本語表現法―学士力の基礎をつくる初年次教育―』(東信堂、2016年刊)を下書きとしたものである。そうした点からも本書は森下らの実践に負うところが大きく、本書もその姉妹書ということになる。

　本書で学ぶ日本語表現の基礎および、聞き手の立場に立った口頭発表

方法は、卒業後の社会人生活に必要不可欠なものである。また、幼児教育に関わっていく者として、子どもたちの手本となるような日本語を使ってほしいと願っている。

　本書を手に取った幼児教育系の学生には、的確な日本語表現方法を身につけることで自身を思うように表現し、社会に貢献し、その才能をはばたかせ活躍の場を広げてほしい。本書を通した学習が、その一助となれば幸いである。

　2019年　春

編者　大岡紀理子

刊行の辞

　本書は、幼児教育系の大学に進学した初年次学生を主たる対象として、専門科目で執筆するレポートや、教育実習・保育実習などでの文書作成、さらには就職後の職業生活に備え、日本語表現の技能を高めていくための教材である。

　本書の内容や構成は、監修者が編集代表を務めた森下稔編集代表・大岡紀理子・谷口利律・鴨川明子編『第三版　理工系学生のための日本語表現法―アウトカム達成のための初年次教育―』(東信堂、2016年刊)とそのシリーズ本として出版された森下稔監修・吉田重和・古阪肇・鴨川明子編『体育・スポーツ系学生のための日本語表現法―学士力の基礎をつくる初年次教育―』(東信堂、2016年刊)が基になっている。『理工系』は、東京海洋大学海洋工学部における全学導入科目「日本語表現法」(1年後学期必修2単位)で使用する教材として出版されたものである。一方、『体育・スポーツ系』は新潟医療福祉大学健康科学部で使用する教材として出版されたものである。

　東京海洋大学海洋工学部は、東京商船大学を前身とし、2003年に東京水産大学と統合されて設置された学部である。航海士・機関士の船舶職員養成を行う商船学校から出発し、関連する工学分野に展開してきた教育研究分野をもつ特色がある。『理工系』のテキストでは、初版(2007年)、新版(2010年)、第三版(2016年)と版を重ねる度に、海洋・船舶・流通に関連する例文や課題を増やしていった。この種の教科書としては、どのような教育機関や学習者でも使用に耐えるように、一般的・普遍的なものに近づけていくのが常道と思われる。しかし、出版を引き受けていただいた東信堂社長下田勝司氏の考え方は全く異なり、学部の特色を最大限に前面へと出した内容であるべきだというものであった。『体育・

スポーツ系』も同様に、汎用性には配慮せず、新潟医療福祉大学の学生諸君のことだけを考えて編集された。結果として、これらの教科書は各方面にご好評いただき、社長のアドバイスが極めて適切であったことが証明されてきた。

　本書『幼児教育系』も、愛知学泉大学の学生諸君の学びを支えるため、内容をより充実させたものになるよう、さまざまに工夫が凝らされている。『理工系』『体育・スポーツ系』では、卒業論文の執筆および発表会でのプレゼンテーションに備えることが重点とされたが、『幼児教育系』では実習や就職後の幼稚園教員・保育士としての業務における実践に備えることが重点とされている。

　初年次教育が日本の高等教育界で重要性を増すようになって10年以上の月日が経過した。監修者が参加する初年次教育学会は年々会員数を伸ばし、大会における発表数・参加者数も増加の一途をたどっている。他方、初年次教育に携わる教員は本来の専門を他にもち、掛け持ちが一般的である。とりわけ、日本人学生（日本語母語話者）向けの日本語表現技術に係る科目の担当者の場合、その傾向が顕著である。『理工系』『体育・スポーツ系』の編者・執筆者陣も例外ではなく、多くは教育学が専門で、教職課程科目や専門科目を担当する傍らに、専任教員として、あるいは非常勤講師として授業を担ってきた。たしかにそのことは日本語学・国語学には基盤を持たない弱みとも言えるが、そうであればこそ学生が所属する学部の教育がもつ特色に合わせた教材開発に取り組んできたものである。本書も、幼児教育教員養成の現場にいて、学生と日々真剣に向き合っている編者・執筆者陣によって開発された教材であり、生き生きとした大学の授業を実現できると監修者として期待したい。授業で本書を手に取り、このページを開いた学生諸君には、本書を活用した学びは必ずあなたの役に立つと、そして専用の教科書がない中で学んできたあなたの先輩たちと教員の努力の結晶が手の中にある好運を喜んでほしい、と呼びかけたい。

本書が幼児教育系の学生たちの学びを支援し、有為な人材として幼児の成長に貢献できる保育者となる力を身につけ、活躍できるよう、監修者として心から願うものである。
　2019年　春

監修者　森下　稔

目次／幼児教育系学生のための日本語表現法

はじめに——本書の特徴	……………………	大岡紀理子	i
刊行の辞	………………………………	森下　稔	iv
第1章　わかりやすい文を書こう 　　　　—非文・悪文・話し言葉をなくす—	………	古川　洋子 中島美奈子	3
第2章　正しい敬語を使用しよう	………	吉田　智美	21
第3章　要約文を書こう	…………………	大岡　ヨト	41
第4章　手順の説明文を書こう	…………	大岡紀理子	61
第5章　主張文を書こう	…………………	大岡紀理子	75
第6章　保育者の書き物を知ろう	………	古川　洋子 中島美奈子	89
第7章　プレゼンテーションをしよう	…	久保田英助	103
補　章　文章を書くにあたっての決まりごとを知ろう 　　　　—引用・注文・参考文献などのルール— 　　　　………………………………… 加藤　万也			127
おわりに………………………………………………			143
執筆者略歴…………………………………………			148
ワークシート提出課題……………………………			151

　　　　　　　　　　　　　　イラスト：加藤　万也
　　　　　　　　　　　　　　　　　　　納富　理恵
　　　　　　　　　　　　　　　　　　　近藤紀代子

幼児教育系学生のための日本語表現法

―― 保育実践力の基礎をつくる初年次教育

第1章　わかりやすい文を書こう
―非文・悪文・話し言葉をなくす―

古川　洋子・中島　美奈子

1. 第1章のナビゲーション・マップ

(1) 第1章の目的
　第1章の目的は、わかりやすく、書き手の意図が正しく伝わる文を書く力を習得することである。日本語の表現として正しいか正しくないかということだけに気を配るのではなく、伝えるべき内容が読み手に正しく理解される文を書くことに重点をおいて学習しよう。

(2) 第1章のチャート（概要）
　①なぜわかりやすい文を書く必要があるのか
　②非文
　③悪文
　④話し言葉から書き言葉へ

(3) 第1章のポイント
　①読み手の立場に立って書く
　②非文・悪文を避ける
　③話し言葉と書き言葉の違いを理解する
　④書き終わったあとに必ず読み直す

2. 非文・悪文・話し言葉

(1) なぜわかりやすい文を書く必要があるのか
　言葉は伝達の手段である。伝達には、書き言葉によるものと話し言葉によるものがあるが、書き言葉の場合は、書き手の意図が正確に理解さ

れないことが少なくない。話し手の表情や口調など言葉以外のものを参考にしたり、わからないことを聞き返したりできる話し言葉とは違って、書き言葉では書かれたものだけを通して書き手の意図を理解しなければならないからである。また、読み手は自分が持っている知識や情報をもとにして文を読むが、知識や情報は人によって異なるため、書き手の意図と読み手の理解にずれが生じることもある。労力を費やして書いた文章の内容が誤って伝わってしまうことを避けるためにも、読み手にとって読みやすく、理解しやすい文を書くことが重要である。

　では、読み手に意図が正確に伝わるような、読みやすく、理解しやすい文を書くにはどうすればよいだろうか。留意点は大きく分けて2つある。まず、読み手の立場に立って文章全体で使う言葉・用語や組み立てを選ぶということである。保育者の場合、保護者、同僚や上司などに保育の内容を文章で伝え、共有することが多い。そのため、読み手はどのような人であり、伝えようとしている知識や情報に関して、何を、どの程度知っているかを考えて、文を書くことが大切である。どの言葉を用いて、どのように書けばわかりやすい文になるか、難易度の高い専門用語が多く使われていないか、読み手のことを考えながら書こう。さらに、数ある情報の中から必要な情報をよく選び、伝えるべき内容を明確にしよう。なぜなら、文や文章の中で情報が多すぎると、焦点がぼやけ、伝えたいことが不明瞭になるからである。特に、保育現場では、日々多くの出来事が起こる。良かれと思って、すべての出来事を書くことで、逆にわかりにくい文章になってしまう。情報が効果的に伝わるように、情報を順序よく組み立てることも大切である。こうした読み手の立場に立った文書の書き方は、第2章以降で詳しく学習する。

　もう一つの留意点は、文自体を読み手に誤解なく伝わるようにするということである。特に、子どもの姿を保護者に伝える時には、正しい情報を書くことが求められている。主語と述語は正しく対応しているか、助詞は適切に使われているか、修飾語と被修飾語の関係は明確かといっ

た文の正確さに注意しながら文を書くことが重要である。あいまいな表現を用いていないか、複数の解釈ができる文はないかなども注意しよう。また、文章の内容に対して適切な文体を選ぶことも大切である。あらたまった硬い文体が求められる場合は、くだけた軟らかい話し言葉が混じっていないか注意しよう。本章では、すべての文章の基礎となるこうした文の正確さ・適切さを学習する。

わかりやすい文章を書くためには、上記の留意点を守るだけではなく、文を書き終わったあとに必ず読み返す習慣をぜひつけてほしい。誤字・脱字はないか、主語と述語が対応しているか、不適切な表現はないかを確かめるとともに、もっとわかりやすい表現や語順はないかなど、書いたものを十分に推敲すること(語句や文章を十分に吟味して練りなおすこと)が重要である。本章での学習を通じて、推敲する力を磨くようにしよう。

以下では、読み手に誤解なく伝える文を書くために、非文、悪文、話し言葉の3つを取り上げ、わかりにくい文とはどういうものかを説明し、よりよい文に修正するためのコツを示す。以下で示される例文は、わかりにくい文の例である。書き手の意図を正確に伝えるにはどのように修正したらよいか、さらにわかりやすい文にするにはどうすればよいかを考えよう。なお、修正の方法は一通りではないことがほとんどである。示されている修正例はあくまでも一例であることに留意してほしい。

(2) 非　文

非文とは字の通り、「文として成立していない文」を指す。主語と述語が対応していない文や、誤字や脱字が含まれた文は非文にあたる。以下では、例文を見ながら、なぜ非文であるか、どのように修正したらよいかを考えてみよう。

①主語・述語の対応関係

【例文１：主語・述語の対応関係】

私の将来の夢は、保育園か幼稚園の先生になって、子どもに関わりたい。

修正例１

私の将来の夢は、保育園か幼稚園の先生になって、子どもに関わることである。

修正例２

私は将来、保育園か幼稚園の先生になって、子どもに関わりたい。

【例文２：主語と述語の対応関係】

私が大学の４年間で最も印象に残っているのは、保育実習や幼稚園実習である。

修正例１

私にとって、大学の４年間で最も印象に残っているのは、保育実習や幼稚園実習である。

修正例２

保育実習や幼稚園実習が、大学の４年間で最も印象に残っている。

【例文１】は、「私の将来の夢は」という主語に対して「関わりたい」という述語になっている。主語と述語が対応していないため、文として成立していない文である。修正例のように、「私の将来の夢は〜に関わることである」とするか、「私は将来〜に関わりたい」と修正するのがよいだろう。【例文２】にも、「私が印象に残っている」という主語と述語が対応して部分がある。「私にとって」などと書き換えるのも一案である。

②受動・使役

> 【例文3:受動】
> この保育園には、安全対策のため防犯カメラが設置している。
> 修正例
> この保育園には、安全対策のために防犯カメラが設置されている。

> 【例文4:使役】
> 安全で安心できる環境のもと、保育者は子どもが自由に遊ぶことで、子どもの心身の発達を促す。
> 修正例
> 安全で安心できる環境のもと、保育者は子どもを自由に遊ばせることで、子どもの心身の発達を促す。

　【例文3】【例文4】も、主語と述語の対応に関連する問題である。【例文3】は、防犯カメラが何かを設置しているのではないから、防犯カメラを主語にするならば、「防犯カメラが設置されている」と受動表現にする必要がある。【例文4】は、この文の主語は「子ども」ではなく「保育者」であるから、まずは子ども「が」ではなく「を」に変えた上で、「遊ばせる」と使役にする必要がある。

③助詞の使い方

> 【例文5:助詞の使い方】
> 運動会の準備のための買出しにいく。
> 修正例
> 運動会の準備をするために買出しにいく。

レポートなどでは、助詞（「で、に、を、は、の、が」など）が適切に使われていない文が多い。例えば、一つの文の中で同じ助詞をくり返し使用する例が見られる。【例文5】では、一つの文で「の」がくり返し使用されているため読みにくい。同じ助詞をくり返し使用していることに気付いたら、「準備のための」を「準備をするために」のように表現方法を変えてみよう。

④誤字、脱字、送りがなの誤り、重複表現

どんなに労力を費やして立派な内容に仕上げても、誤字や脱字、送りがなの誤り、重複表現があると、論文やレポートに取り組む際の態度に問題があると見なされ、評価が下がってしまう場合がある。漢字や表現はこまめに辞書で確認するようにしよう。また、パソコンを用いて文を作成する場合は、変換ミスや打ち間違いに気をつけよう。重複表現は、文章を書くとき、わかりやすい言葉を選んで書こうとすると、意外と多くなる傾向にある。書いたら読み直すことを心がけよう。

【例文6：誤字】
私が皆さんに勧めたい本は倉橋惣三の『育ての心』だ。
修正例
私が皆さんに薦めたい本は倉橋惣三の『育ての心』だ。

【例文7：脱字】
保育における養護とは、子どもの「生命の保持」および「情緒の安定」を図るために保育者が行う援助やかかわりのことでる。
修正例
保育における養護とは、子どもの「生命の保持」および「情緒の安定」を図るために保育者が行う援助やかかわりのことである。

【例文8：送りがなの誤り】
親子一緒に登降園し、安全な通園路を歩るくように協力を求める。
修正例
親子一緒に登降園し、安全な通園路を歩くように協力を求める。

【例文9：重複表現】
今日は楽しみにしていた遠足の日だ。いつもより、早く家をでたので一番最初に保育園についた。
修正例
今日は楽しみにしていた遠足の日だ。いつもより、早く家をでたので一番に保育園についた。

【例文10：変換ミス】
突然の高熱と発疹がでたときの退所法について説明をする。
修正例
突然の高熱と発疹がでたときの対処法について説明をする。

【類題】次の文を修正して、わかりやすい文章に書きかえなさい。なお、修正すべき箇所は、一問につき一か所とは限らない。
［1］私がこの授業で最も興味深ったことは、少子化や地域の人々とのかかわりの希薄化などから、家庭の中に今まで当たり前のようにあった子どもらしい生活が失われてきたことだ。
［2］このサービスを使えば、注文した本が翌日には自宅に届ける。
［3］保育者には状況に応じた適格な判断を求められる。
［4］この本を読み終えた時に、少し価値感が変わったのを感じた。
［5］家庭訪問で子どもの家を尋ね、保護者と意思疎通を図ることが

できてよかった。
［６］避難訓練の練習で、子どもが驚き騒だすという突然のハプニングが起きた。

(3) 悪　文

　悪文とは、「意味が曖昧な文」「読みにくい文」「まわりくどい文」などである。どのような理由で悪文になってしまうのだろうか。意味が曖昧な文は主語と述語、修飾語と被修飾語が離れすぎていること、読みにくい文は一つの文が長すぎること、句読点が適切に打たれていないこと、などが主な理由として考えられる。以下では、悪文を書かないようにするにはどのような点に気をつけたらよいかを考えてみよう。

　①語の適切な位置

　悪文の中には、主語と述語、修飾語と被修飾語の位置を近づけることにより、意味の曖昧さが解消されるものがある。次の例文を見てみよう。

【例文１：主語の位置】
子どもが、保育者が一緒に体を動かして遊ぶことで、体を動かす心地よさを体験し、運動能力を身につけていく。
修正例
保育者が一緒に体を動かして遊ぶことで、子どもが体を動かす心地よさを体験し、運動能力を身につけていく。

【例文２：修飾語の位置】
そっと、花にとまっている蝶々を捕まえた。
修正例
花にとまっている蝶々をそっと捕まえた。

【例文1】では、主語である「子どもが」と「保育者が」の二つ続いており、それぞれの主語に対応する述語が分かりにくくなっている。冒頭の主語である「子どもが」は、対応する述語である「体験し」と離れすぎているため、近くに置く方が読みやすい。また【例文2】では、修飾語の「そっと」の位置を被修飾語である「捕まえた」の近くに変更することによってわかりやすい文になる。

②多義文（複数の意味にとれる文）

修飾・被修飾の関係が曖昧だと文の意味が複数に取れ、情報が間違って伝わるおそれがある。意味の区切りを読点で明確にしたり、修飾語と被修飾語の位置を近づけたりして、読む人が複数の解釈をしないように工夫しよう。

【例文3：多義文・修飾関係が曖昧な文】

保育者は何も言わずに教室から出て行った子どもの後を追った。

修正例1　「何も言わずに」が「出て行く」を修飾しているなら

→保育者は教室から何も言わずに出て行った子どもの後を追った。

→保育者は、何も言わずに教室から出て行った子どもの後を追った。

修正例2　「何も言わずに」が「後を追った」を修飾しているなら

→教室から出て行った子どもの後を、保育者は何も言わずに追った。

→保育者は何も言わずに、教室から出て行った子どもの後を追った。

---

③指示語の使用

【例文4：曖昧な指示語】

動物と触れ合う感動を味わった子どもたちは、それを何らかの形で表現しようとする。それは動物のもつ温もりを強く意識する大切な行為である。

修正例

動物と触れ合う感動を味わった子どもたちは、その感動を何らかの形で表現しようとする。その表現活動は動物のもつ温もりを強く意識する大切な行為である。

【例文４】は、曖昧な指示語を使用した文例である。指示語は不要なくり返しを避ける効果があるが、指示語が指す名詞の候補が複数あると読む人によって複数の解釈が可能になるため、文が曖昧になってしまう。この文では、「それ」が指している名詞の候補が複数あり、わかりにくい。修正例のように、「その感動」や「その表現活動」などと具体的に書く方がわかりやすい。

④文の適切な長さと句読点の打ち方

一つの文が長すぎると、よほど文の構成が明瞭でない限り、文の意味が正しく伝わりにくくなる。述語が３つ以上になると、読む人が理解する上で負担を強いられることになり、主語と述語の関係や修飾・被修飾の関係が曖昧になる傾向があると言われている。さらに、書いている本人も、どう書き始めたのかが途中でわからなくなり、その結果、自分の伝えようとしている内容とは違うことを書いてしまうことがある。例えば、次の文はどのように修正すると良いであろうか。

【例文５：長すぎる文】
歩きたばこは、子どもをはじめとする歩行者に、やけどなどの危害を与える恐れがあり、吸い殻のポイ捨てにもつながるため、市では道路や公園、広場、河川など、公共の場所での歩きたばこを禁止することにし、市内で歩きたばこを目にすることはほとんどなくなった。

修正例
歩きたばこは、子どもをはじめとする歩行者に、やけどなどの危害を与える恐れがある。また、吸い殻のポイ捨てにもつながる。そこで、市では道路や公園、広場、河川など、公共の場所での歩きたばこを禁止することにした。その結果、市内で歩きたばこを目にすることはほとんどなくなった。

【例文5】は、文が長すぎるために論理関係がすぐには理解しにくく、読みにくいと感じるだろう。この場合、読み手が理解しやすいように全体をいくつかの文に分け、論理関係が明確になるような接続詞を補うとよい。修正例は、歩きたばこの弊害、弊害に対する市の対策、対策の結果という3つの内容とその論理関係が一読して分かる。また、文を適切な長さに保つためには、句読点(句点は「。」、読点「、」)を打つ位置も重要である。以下の例文では句読点の打ち方について検討してみよう。

【例文6：句読点の打ち方】
子どもたちが、安心して登園できるような、親しみがもてる環境づくりが求められ、保育室に、畳やカーペットを敷いたり、テーブルや椅子などを設えた遊びコーナーをつくったりして、家庭の、ぬくもりを感じさせるような雰囲気を醸し出すよう工夫する。

修正例
子どもたちが安心して登園できるような、親しみがもてる環境づくりが求められている。そのため、保育室に畳やカーペットを敷いたり、テーブルや椅子などを設えた遊びコーナーをつくったりする。そうすることで、家庭のぬくもりを感じさせるような雰囲気を醸し出すことができる。

【例文7：句読点の打ち方】
子どもはいろいろな遊びを通して日々育っているので安全管理は丁寧に行うことが必要である。こうした園で日ごろ行う安全管理を「セーフティマネジメント」と呼ぶ。

修正例
子どもは、いろいろな遊びを通して日々育っているので、安全管理は丁寧に行うことが必要である。保育園で、日ごろ行う安全管理を「セーフティマネジメント」と呼ぶ。

【例文６】は、読点を小さな意味のまとまりで頻繁に使用し、読点のみで文をつなげているため、読みづらく全体の意味もわかりにくい。読点は意味のまとまったところで使用し、一文に盛り込む内容を精選して、句点で区切ろう。その際、つなぎの言葉を補うと読みやすくなる。なお、例文の文末のように、つなぎの言葉にあわせて文末の表現を調整することも必要である。

また、【例文７】の読みづらさは、句点も読点もほとんどないことに起因している。句読点は、多すぎても少なすぎても読みづらいということがわかるだろう。句読点、特に、読点の打ち方には絶対的な決まりはないが、読み手が理解しやすいこと、また、意図が正しく伝わることを念頭において句読点を打つようにしよう。

【類題】次の文を修正して、わかりやすい文章に書きかえなさい。なお、修正すべき箇所は、一問につき一か所とは限らない。
［１］保育者は楽しそうに砂遊びをしている子どもを見ていた。
［２］決して私は、そのような立派な人間ではない。
［３］できるだけ子どもたちと仲良くなりたいのなら、その名前を覚えるといい。
［４］文字には何かを表す伝えるという働きがある。例えばままごとの道具を片付ける際にかごに鍋の絵と「なべ」の文字が書いてあれば子どもは迷わず鍋をそこに片付けることができる。

(4) 話し言葉から書き言葉へ

①話し言葉

レポートの中には、内容としては十分なレベルに達しているにもかか

わらず、文章全体に日常会話やメールで使う話し言葉の表現が混じっているものがある。レポートや論文ではあらたまった硬い書き言葉で書くことが原則であり、くだけた話し言葉の使用は避けなければならない。ここでは下記の例文を読んで、話し言葉と書き言葉の違いに気づくトレーニングをしてみよう。

【例文１：話し言葉】
幼稚園実習は大変だと聞いているけど、私的には結構大丈夫な気がする。
修正例
幼稚園実習は大変だと聞いているが、私の場合は、それほど大変ではないように思える。

---

②「ら抜き言葉」

　文を書く際には、ら抜き言葉にも注意を払いたい。「見れる」「来れる」「食べれる」などの「ら抜き言葉」は日常の話し言葉では使われているため、文を書く時に自分でも気づかぬうちに使ってしまうことがある。書き言葉では「ら抜き言葉」を用いないように気を配ろう。

【例文２：ら抜き言葉】
・私がここまでやってこれたのも、子どもたちのおかげだ。
・レストランのメニューがなかなか決めれない。
修正例
・私がここまでやってこられたのも、子どもたちのおかげだ。
・レストランのメニューがなかなか決められない。

---

③「だ・である」体への統一

　一つの文章や一つの文の中で、「です・ます」体と「だ・である」体が

混在している例を見ることがある。論文やレポートでは「だ・である」体で統一して書くのが一般的である。早いうちから「だ・である」体で文を書く訓練をしておこう。

【例文3：「だ・である」体への統一】
図1のグラフからも明らかであるが、少子化の影響は、社会全体から見れば未来の労働力人口の不足、消費活動の低下などによる経済の停滞が予想されます。

修正例
図1のグラフからも明らかであるが、少子化の影響は、社会全体から見れば未来の労働力人口の不足、消費活動の低下などによる経済の停滞が予想される。

【類題】次の文を修正して、わかりやすい文章に書きかえなさい。なお、修正すべき箇所は、一問につき一か所とは限らない。
　［1］夜更かしして、約束の時間に起きれない。
　［2］すごくかわいい絵本を見つけた。
　［3］お菓子をいっぱい食べたから、夕食が食べれない。
　［4］いろんな意見があるとわかった。

3．練習問題

次の文を修正しなさい。

〈非　文〉
　1．この図書館には、明治期からの貴重な児童雑誌が保存している。

2．このグラフは、出生数及び合計特殊出生率の年次推移が示している。
3．子どもたちを引卒して近くの公園に出かけた。
4．私は保育実習で子どもの目線に立って考えることや子どもに寄り添うことの大切さが学んだことが良かった。

〈悪　文〉

5．私は卒業後の進路について相談するために帰省中の友人に電話をかけた。
6．保護者の困りごとはそれぞれに違いがあるから、子育て中の親は皆同じ困りごとを抱えているわけではないので、保護者の困りごとは多様であることを知らないといけないです。

〈話し言葉〉

7．子どもと遊べてたのしかったなあと思いました。あと、午睡の前に絵本の読み聞かせを先生がしてて、ものすごく勉強になった。
8．明日から試験が始まる。なので、今日は友達と図書館に行くつもりです。
9．今日は仕事が割と早く片付いたから、私は約束してた食事会に出れた。

〈総合問題〉

10．「保育所保育指針」で、「保育所における保育士は、児童福祉法第18条の4の規定を踏まえ、保育所の役割及び機能が適切に発揮されるように、倫理観に裏付けられた専門的知識、技術及び判断をもって、子どもを保育するとともに、子どもの保護者に対する保育に関する指導を行うものである」と書いてあります。だから、「保育士」は児童福祉法に既定されている国家資格なので高い倫理観と豊かな専門的知識とか、技術をもって子どもたちを保育しないとだめだし、保護者に適切に指導も行ないといけない。

> 修正例

〈非　文〉
1．この図書館には、明治期からの貴重な児童雑誌が保存されている。
2．このグラフは、出生数及び合計特殊出生率の年次推移を示している。
3．子どもたちを引率して近くの公園に出かけた。
4．私にとって良かったことは、保育実習で子どもの目線に立って考えることや子どもによりそうことの大切さを学んだことだ。

〈悪　文〉
5．卒業後の進路について相談するために、私は帰省中の友人に電話をかけた。（私は、卒業後の進路について相談するために帰省中の友人に、電話をかけた。）
6．保護者の困りごとは、それぞれに違いがある。つまり、子育て中の親は皆同じ困りごとを抱えているわけではない。まず、保護者の困りごとは多様であることを知らなければならない。

〈話し言葉〉
7．子どもと遊ぶことができて楽しかった。また、先生がされた午睡前の絵本の読み聞かせは大変勉強になった。
8．明日から試験が始まる。そのため、今日は友達と図書館に行くつもりである。
9．今日は仕事が比較的早く終了したので、私は約束していた食事会に出られた。

〈総合問題〉
10．「保育所保育指針」には、「保育所における保育士は、児童福祉法第18条の4の規定を踏まえ、保育所の役割及び機能が適切に発揮されるように、倫理観に裏付けられた専門的知識、技術及び判断をもって、子どもを保育するとともに、子どもの保護者に対する保育に関する指導を行うものである」と記載されている。つまり「保育士」は児童福祉法に規定される国家資格である。そのため高い倫理観と豊

かな専門的知識、技術をもって子どもたちを保育し、さらに、保護者への適切な指導も行わなければならない。

4．提出課題

ポイントをふまえて、配付される課題に取り組んでみよう。

5．第1章のポイントの復習

①読み手の立場に立って書く
②非文・悪文を避ける
③話し言葉と書き言葉の違いを理解する
④書き終わったあとに必ず読み直す

引用参考文献
石黒圭(2005)『よくわかる文章表現の技術Ⅲ文法編』明治書院。
石黒圭(2009)『よくわかる文章表現の技術Ⅰ表現・表記編[新版]』明治書院。
中村明(1995)『悪文－裏返し文章読本』筑摩書房。
野内良三(2010)『日本語作文術－伝わる文章を書くために』中央公論新社。
速水博司(2002)『大学生のための文章表現入門－正しく構成し、明快に伝える手順と技術』蒼丘書林。
速水博司(2003)『大学生のための文章表現入門【演習編】』蒼丘書林。
町田健(2006)『「町田式」正しい文章の書き方－言いたいことが正確に伝わる！』PHP研究所。

第2章　正しい敬語を使用しよう

吉田　智美

1．第2章のナビゲーション・マップ

(1) 第2章の目的

　第2章の目的は、社会人としてのマナーの基本となる敬語を習得し、適切な使い分けを学ぶことである。学生の身近で使われている言葉は、若者言葉やアルバイトで使われる言葉が主流であろう。自らの敬語を振り返り、正しい敬語の使い方を理解し、状況に合わせて、使いこなすことが重要である。

　さらに、電話の応対やEメール作成上の基本マナーを学び、様々な場面での使い方を理解する。

(2) 第2章のチャート（概要）

　①敬語の種類と使い分け
　②間違いやすい敬語の使い方
　③人間関係を円滑にするための表現方法
　④電話応対の基本マナー（かけ方、受け方について）
　⑤Eメールの基本マナー

(3) 第2章のポイント

　①敬語は、言葉の身だしなみである。相手との信頼関係を築き、適切な関係を保つためにも正しい言葉づかいを心がける
　②敬語を使い分けるポイントを理解し、正しい敬語を使うことができる
　③円滑な人間関係（コミュニケーション）を構築する話し方を理解し、適切に使う
　④電話応対の基本マナーを理解し、言葉づかいに気をつけながら相手に内容を伝える
　⑤Eメールの基本マナーを理解し、適切なEメールを作成する

2．正しい言葉づかい

(1) なぜ敬語を使う必要があるのか

　敬語は、言葉の身だしなみと言われている。姿の身だしなみは身なりを整え、信頼に値する人物であることを印象付ける。適切な敬語を使うことは、相手に敬意を示し、互いの関係の中で適度に距離を保ち、社会人として信頼を得ることになる。

　したがって敬語は、積極的に自らのコミュニケーション手段として使うべき言葉である。保育士や幼稚園教諭として接する保護者は、何かしら社会との接点を持っている社会人である。その保護者からの信頼を得ることは、仕事をしていくうえで大変重要である。電話を含む応対の会話は、園のイメージに大きな影響を与えることになり、正しい敬語を使うことで自分を含め所属する組織の地位を守ることになるであろう。

　さらに、敬語は、相手に対して、自分がどのように接していきたいのかを伝える手段になる。園という組織の中で働く保育士や幼稚園教諭は、子どもたち、保護者、職員など年齢・地位の差がある関係、さらに、地域の方や業者の方など、外部の人々と幅広い関係を持つことになる。そうした状況の中、自分の置かれている立場に合わせた敬語表現を用いることで、円滑なコミュニケーションを取ることができるようになるのである。年齢が近い関係が生活のほとんどを占める学生時代と違い、年齢層が幅広い社会人の人間関係では、敬語は自分を助ける武器となるであろう。

　なにかと苦手意識が強い敬語習得の早道は、話す機会を積極的に作ることである。大学の教職員、アルバイト、地域の方々や実習先の先生などとの年齢の違い、立場の違いを理解し、適切な敬語を会話の中に取り入れていこう。

(2) 敬語の種類と使い分け

　敬語は会話の相手に対し、敬意を表すために使う言葉である。目上の方と敬語で話すことは、相手の立場を尊重しているといえる。

　現在、敬語の分類は5種類（**表1**）「尊敬語・謙譲語Ⅰ・謙譲語Ⅱ・丁寧語・美化語」となっている（2007（平成19）年 文化審議会答申「敬語の指針」より）。しかし、敬語をより理解してもらうために、本章では「尊敬語・謙譲語・丁寧語」の3種類で説明を行う（**表2**）。特に、尊敬語、謙譲語は使い分けに気をつけなければならない。動作や状態の主体が誰であるか（相手なのか、自分なのか）を意識しながら使わなければならない。

　敬語は、相手の立場を意識した上で自らの意志や感情を表現するものである。間違った敬語を用いると円滑なコミュニケーションの妨げとなることもあるため、正しい使い分けを理解することが重要である。

表1　敬語の5分類と3分類の考え方

5分類	特徴	3分類
尊敬語	相手の行為を敬う気持ちを表す言葉。	尊敬語
謙譲語Ⅰ	自分の行為を相手に対して、へりくだり述べる言葉。 （敬意を表す直接的な相手がいる） 例：私が、お客様に申し上げました。	謙譲語
謙譲語Ⅱ	自分の行為を、へりくだり述べる言葉。 （敬意を表す直接的な相手はいない） 例：私が、申しました。	
丁寧語	話し相手に敬意を示す。	丁寧語
美化語	物事を美化する。	

①尊敬語とは…

相手や相手の動作、状態を直接高め、尊敬の気持ちを込める言葉である。

・「お（ご）〜になる」

　　例：園長先生がお帰りになりました。

・「〜れる、られる」

例：園長先生が受けられました。
・「お（ご）〜くださる」
　　　例：〇〇さんが、ご検討くださいます。

②謙譲語とは…
　自分がへりくだり、間接的に相手を高める言葉である。自分の動作、状態に対して使う。
・「お（ご）〜する」
　　　例：私がご説明します。
・「お（ご）〜いたす」
　　　例：こちらからご連絡いたします。
・「お（ご）〜いただく・願う」
　　　例：こちらの施設は、ご利用いただけます。

③丁寧語とは…
　状態や事柄を、相手に対して丁重に伝えるときに用いる言葉である。
・「〜です・ます」
　　　例：私が受け取りました。
・「〜でございます」
　　　例：こちらにございます。

表2　尊敬語・謙譲語・丁寧語の使い分け

基本形	尊敬語	謙譲語	丁寧語
行く	いらっしゃいます おいでなります	伺います 参ります	行きます
来る	いらっしゃいます おみえになります	伺います 参ります	来ます
いる	いらっしゃいます おいでになります	おります	います

する	なさいます	いたします	します
言う	おっしゃいます	申します	言います
聞く	お聞きになります 聞かれます	伺います うけたまわります 拝聴します	聞きます
見る	ご覧になります	拝見します	見ます
食べる	召し上がります	いただきます	食べます
知る	ご存知です	存じます 存じ上げます	知ります
会う	お会いになります	お目にかかります	会います
借りる	お借りになります	拝借します	借ります

④美化語とは…

物事を美化するときに用いる言葉で、使い方は名詞に「お」や「ご」をつける。一般的に「お」は和語(訓読みの語)、「ご」は漢語(音読みの語)となる。

例外として、電話、時間などは漢語ではあるが、慣例的に「お」をつける(お電話、お時間)場合もある。

  花 → お花   祝儀 → ご祝儀

  手紙 → お手紙   連絡 → ご連絡

  飲み物 → お飲み物   挨拶 → ご挨拶

(3) 間違いやすい敬語の使い方

①尊敬語と謙譲語の混同

【例文1】
太田様でございますか。
修正例
太田様で、いらっしゃいますか。

【例文2】
先生は、指導案を拝見しましたか。
修正例
先生は、指導案をご覧になりましたか。

　【例文1】「ございます」は「ある」の丁寧語で、自分の行為を丁寧に伝える言葉である。この場合は、「いる」の尊敬語である「いらっしゃる」を使う。【例文2】「拝見」は、「見る」の謙譲語で、自分や身内に対して使用する。相手に対しては尊敬語表現である「ご覧になる」に変えて伝えるとよい。

　②目上の人に対して使わない言葉

【例文3】
先輩、ご苦労様です。
修正例
お疲れ様です（でございます）。

【例文4】
はい、了解しました。
修正例
はい、承知しました（かしこまりました）。

　【例文3】「ご苦労様」、【例文4】「了解」は立場が同じ、もしくは目下の人に対して使われる言葉である。そのため、同じ意味である「お疲れ様」「承知」に変えて伝えるとよい。

③敬語の過剰表現(二重敬語)

【例文5】
山川様が、おっしゃられていました。
修正例
山川様が、おっしゃっていました。

【例文6】
事務長、お菓子を召し上がられますか。
修正例
事務長、お菓子を召し上がりますか。

　【例文5】「言う」、【例文6】「食べる」の尊敬語は、「おっしゃる」「召し上がる」だが、それらに「られる」の尊敬語表現を重ねると、二重敬語となる。敬語表現は一つの言葉に1回使えば十分である。敬語を意識しすぎて、必要以上に敬語を使わないようにする。
　ただし、二重敬語であっても不自然でなく、普段使われている敬語もある。以下はその例である。

【例文7】
どうぞ、お召し上がりください。

　「召し上がる」に「お」をつけている二重敬語表現ではあるが、定着しているとして、容認されている。

(4) コミュニケーションを取るうえで気をつけたい言葉

（アルバイトで使われている言葉・若者言葉）

　敬語をしっかり勉強していても、いざ接客や面接の場面となると、緊張して言葉づかいまで意識できずに、普段の言葉を使ってしまうことがある。若者言葉はあくまでも仲間同士で使う言葉である。時・場合・状況（TPO）に合わせて、使い分けができるように普段から心掛ける。

① 「〜のほう」

【例文8】
こちらのほうを、よく読んでください。
修正例
こちらを、よく読んでください。

　「〜のほう」は、複数のものを比較したとき「AよりBのほうが」、または、方向を指し示すとき「あちらのほうに」などで使う。

② 「〜になります」

【例文9】
コーヒーになります。
修正例
コーヒーです（でございます）。

　「〜になる」は状態の変化を表すため、でき上ったものに対して「〜になります」は間違いではない。そのため変化を伴わないときは、「〜です」「〜でございます」という表現を使う。

③「～でよろしかったでしょうか」

【例文10】
こちらのサイズでよろしかったでしょうか。
修正例
こちらのサイズでよろしいでしょうか。

「～でよろしかったでしょうか」は過去形の表現である。現在、起きていることに対しては、現在形「～よろしいでしょうか」を使用する。アルバイトのマニュアル言葉で示されていることもあるらしいが、意識しないで使っているケースもあるため、状況に合わせて使い分けよう。

④「～の形になる」

【例文11】
20分ほどお待ちいただく形になります。
修正例
20分ほどお待ちいただくことになります。

「～の形」は、形状や外形を指す言葉なので、使わなくても通じる。「完成はこのような形になります」と表面上はこうなることを表すときに使う。シンプルな言い回しが伝えられた側はわかりやすいものである。

【練習問題】
次の敬語表現を正しく直そう。
① (先輩に)先生が申しておりました。
② (お客様に)こちらの資料をご覧になられてください。
③ (先生に)明日、どちらへ参られますか。

④（先輩に）お客様が、お見えになられました。

⑤（お客様に）どちらにいたしますか。

⑥（お客様に）どうぞ、お料理をいただいてください。

⑦（先輩に）ご苦労様でした。

⑧（先輩に）先日の交通費はいただかれましたか。

⑨（先生に）お客様がお着きになられました。

⑩（先輩に）昨日、伺われた園の様子はいかがでしたか。

【解答例】

①先生がおっしゃっていました。

②こちらの資料をご覧ください。（ご覧になってください）

③明日、どちらへいらっしゃいますか。

④お客様が、お見えになりました。

⑤どちらになさいますか。

⑥どうぞ、お料理を召し上がりください。

⑦お疲れ様です（でございます）。

⑧先日の交通費はお受け取りになりましたか。

⑨お客様がお着きになりました。

⑩昨日、おいでになった園の様子はいかがでしたか。

(5) 人間関係を円滑にするための表現方法

①クッション言葉

　クッション言葉をうまく使いこなせるようになると、相手への依頼、反論、拒否なども柔らかく丁寧に伝えることができる。状況に合わせて言い方を覚えて、使いこなそう。

失礼ですが　　　恐れ入りますが　　　お手数ですが　　　恐縮ですが
申し訳ございませんが　　　もしよろしければ　　　あいにくですが

②お願いをするとき

　お願いをするとき、①で学んだクッション言葉を使い丁寧に伝えることもできるが、さらに依頼表現を用いることで、依頼相手の気持ちを和らげ、願いが聞き入れられやすい。

「少々お待ちください」
　　　　　⇒　「少々お待ちくださいますか」
　　　　　　　「少々お待ちいただけますでしょうか」
　　　　　　　「少々お待ちいただけませんでしょうか」

③あとよし言葉

　同じことを伝えても、言い方によって相手に与える印象が異なることがある。後半にプラスの表現で終わらせることで、より良い気持ちで聞き入れてもらうことができる。このような言葉の使い方もコミュニケーションを取るうえで大変印象がよいものである。

・あなたは、国語は得意ですが、数学が苦手ですね。

　あなたは、数学は苦手ですが、国語が得意ですね。

・あなたは、仕事は丁寧だけど、時間がかかりますね。

　あなたは、仕事に時間がかかるけれど、丁寧ですね。

　どのような場面においても、相手に対する尊敬や感謝の気持ちを意識したうえで、仕組みやルールを理解し、正しい敬語を使うことで「敬語が身に付いた」と言えよう。いくら流ちょうに敬語を話せたとしても、そこに気持ちがこもっていなければ意味がない。気持ちと言葉がそろっ

て言葉の身だしなみとなるため、気持ちを添えて使うようにしよう。

表3　より丁寧な表現

今	ただ今	あれ	あちら
きょう	本日	こっち	こちら
あす	明日（みょうにち）	そっち	そちら
あさって	明後日（みょうごにち）	ちょっと	少々
きのう	昨日（さくじつ）	すぐ	早速（さっそく）
おととい	一昨日（いっさくじつ）	あの人	あちらの方（かた）
さっき	先ほど	男の人	男性の方（かた）
あとで	後ほど	女の人	女性の方（かた）

3．電話応対の基本マナー

　電話を使わない仕事はない。メールも使われるが、相手と直接会話が必要な場合や、緊急の連絡などで電話は使われる。保育士や幼稚園教諭は、保護者からの連絡、業者、地域の人や入園希望者などからの連絡がある。さらに、直接の電話応対だけでなく、他者への伝言などの対応も求められる。学生の間から電話応対に慣れることは、卒業後の仕事の自信になるであろう。

　また、電話応対では互いの顔が見えない分、声だけのコミュニケーションとなる。そのため、明るく、丁寧にそして正確にを意識しながら対応することが求められる。

(1) 電話の特徴

・顔が見えない　⇒　姿勢や声のトーンに気を付ける。

・代表性が強い　⇒　園の代表者として対応する。

・一方的　　　　⇒　相手の都合を聞く。

- コストがかかる ⇒ なるべく待たせない。待たせるときは、早めに対応する。
- 記録性がない ⇒ 必ずメモを取る習慣をつける。

(2) 電話を受けるとき

- 3コール以内で出るようにする。もし、待たせてしまったら、「お待たせいたしました」と伝える。
- 「もしもし」は不要。最初に「はい」と言ってから名乗る。
- 電話を受けるときは、先に名乗り、用件を尋ねる。
- 日にち、数量、人の名前などの大切な情報は、復唱(くりかえし)して確認する。
- 名指し人が不在の際には、電話の内容を要約してメモ(＊)に残す。
- 電話のマナーとして、かけたほうが先に切る。かかってきたときは、相手が切ってから自分が切る。しかし、自分からかけた場合でも、状況に応じて相手が切るのを待ってから、こちらから切ることもある。

＊伝言メモに書く内容

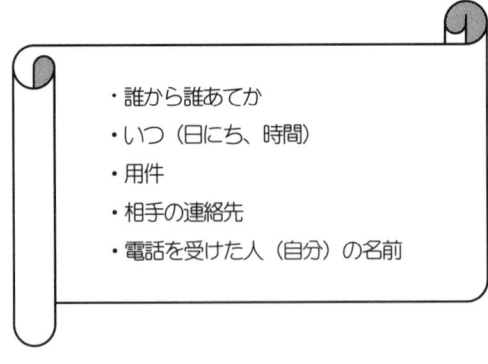

- 誰から誰あてか
- いつ（日にち、時間）
- 用件
- 相手の連絡先
- 電話を受けた人（自分）の名前

(3) 電話をかけるとき

- 電話番号を確認し、用件はあらかじめまとめておき、相手を待たせる時間や間違い電話を防ぐ。
- 自分(所属、名前)を明らかにする。
- 用件は結論から述べて、経緯はその後述べる。
- 原則は、かけたほうが先に切るが、相手が上位である場合(例えば、就職活動)では、相手が先に切ってから、自分が切るようにする。

表4　電話のかけ方

以下は実習の事前訪問などで園に電話をかけるときの流れである。

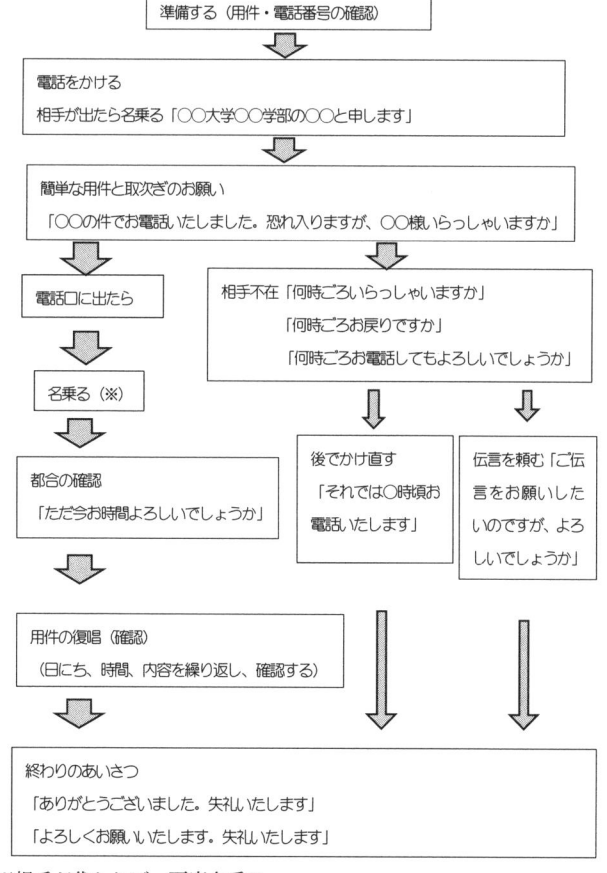

※相手が代われば、再度名乗る。

(4) 携帯電話での注意点

・使用する場合は、声の大きさや、電話をしても周囲に迷惑をかけない場所かを確認する。
・使用禁止の場所では、電源をオフにする。
・相手の携帯電話にかけるときは、「ただ今お時間はよろしいでしょうか」と相手の都合を確認する。
・歩きながらの使用、通行の妨げになる場所で立ち止まって話すことは避ける。

【電話応対Q and A】

Q 1. 間違い電話をかけてしまったら？

黙って切らずに、必ず丁寧にお詫びを言う。「申し訳ございません。間違えました」さらに、確認のため「恐れ入りますが、(電話番号)ではありませんか」と尋ねると、再び間違えることはない。

Q 2. 間違い電話を受けたら？

「こちらは(こちらの名前)です。お間違えのようです」さらに、相手が困っているようなら「失礼ですが、何番におかけですか」と尋ねると、再び間違い電話がかかってくることを避けることができる。

Q 3. 相手の声が聞き取りにくかったら？

まず、携帯電話ならば自分が相手の声を聞き取りやすい場所へ移動をする(例えば静かな場所へ)。それでも、聞き取りにくかったら、「恐れ入りますが、お電話が少々遠いようですが」と伝える。

もし自分が「お電話が少々遠いようですが…」と言われたときは、静かな場所へ移動し、もう一度、内容をゆっくりと大きな声で話す。

Q4.　突然、電話が切れてしまったら？

　かけた側がかけ直すことが基本的なマナーである。こちらからかけ直して、相手が出たら「先ほどは失礼いたしました」、相手にかけ直してもらったら、「ありがとうございました」と言って、電話応対を続ける。

4．Eメールの基本マナー

　今や企業などへの就職活動や普段の生活に至るまでEメールは、欠かすことのできないツールとなっている。便利で簡単に連絡を取ることができるため、基本を覚えて正確に伝えることを心掛ける。

(1) Eメールの基本ルール

・件名は簡潔でわかりやすく書く。
　　学生ならば自分の学部と名前を入れると、相手はわかりやすい。
　　　「〇〇の件　(〇〇大学　〇〇学部　(名前))」
・あいさつをする。
　　　「いつもご指導いただき、ありがとうございます」
　　　「先日はお時間をいただきありがとうございました」
　　　「お世話になっております」
・自分を名乗る(所属、名前)
　　　「〇〇大学〇〇学部の〇〇と申します(です)」
・用件は短い文章で伝えることを心掛け、分かりやすく書く。
・どうしても１文が長くなるときは、適度に改行する。
・顔文字や(笑)などは、使わないようにする。
・最後に自分の名前を書く。
・CC(カーボンコピー：情報を共有したい、メールアドレスは全員に開示される)とBCC(ブラインドカーボンコピー：情報を全員に開示されるが、

お互いにだれに送ったのかは発信した人以外分からない）の使い分けに気をつける。

【例1　初めてメールする場合】
件名：　△△についての質問（〇〇大学　□□　）

突然のメール失礼いたします。
〇〇大学〇〇学部の□□と申します。
△△について、連絡いたしました。
……

□□　□□（最後に自分の名前）

【例2　事前訪問のお礼をする場合】
件名：　事前訪問のお礼　（〇〇大学　□□　）

〇〇大学〇〇学部の□□です。
本日はお忙しい中、事前訪問のお時間をいただき、ありがとうございました。
ぜひ、実習では力を尽くしたいと思います。
どうぞよろしくお願いいたします。

□□　□□（最後に自分の名前）

　メールは、電話に比べて事務的な連絡などで使われることが多いので、丁寧なあいさつよりも簡単なあいさつをし、用件を伝える。文章は簡潔に、正確に伝えることを心掛けて作成する。メールは記録に残るので、記載内容に細心の注意を払い、作成後必ず確認をしてから送信する。

【練習問題】

受講している科目を欠席しなければならなくなった際、その連絡を担当教員に報告するメールを書きなさい。

【解答例】

件名：〇月〇日〇限(授業名)の欠席連絡　(〇〇学部　名前)

〇〇先生

突然のメール、失礼いたします。
〇〇学部の(名前)です。
〇月〇日〇限の「(授業名)」ですが、(　理由　)のため、欠席いたします。
どうぞよろしくお願いいたします。

(学籍番号)　(名前)
〇〇学部〇〇学科　〇年
メールアドレス　******

---

5. 提出課題

実習先へ電話をするためには、どのように伝えたらいいでしょうか。言葉づかいや電話のマナーに気をつけながら、言葉を書き出してみよう。

6．第2章のポイントの復習

①敬語は、言葉の身だしなみである。相手との信頼関係を築き、適切な関係を保つためにも正しい言葉づかいを心がける
②敬語を使い分けるポイントを理解し、正しい敬語を使うことができる
③円滑な人間関係（コミュニケーション）を構築する話し方を理解し、適切に使う
④電話応対の基本マナーを理解し、言葉づかいに気をつけながら相手に内容を伝える
⑤Eメールの基本マナー理解し、適切なEメールを作成する

引用参考文献
佐々木怜子他(2012)『ビジネスのマナー・文書・実務の基礎知識』ぎょうせい。
吉川香緒子(2015)『ビジネス敬語のルールとマナー』高橋書店。

第3章　要約文を書こう

大岡　ヨト

1．第3章のナビゲーション・マップ

(1) 第3章の目的
　幼児教育系学生のあなたは、大学において提出しなくてはならないレポートや論文のために、文章を書く機会は多くあるはずである。そして、社会人になった後も、何かを「まとめて書く」機会は多い。例えば、幼稚園教諭であれば、指導案・日誌・クラス便り・報告書・議事録など、ある事柄の要点をまとめて簡潔に要約しなければならない。そこで、第3章では社説などの論説文を題材として、要約の技術を学ぶ。また、伝えたい内容を要約することは「書く」以外の場面にも役立つことになるため、正しく要約する技術を磨いてもらいたい。

(2) 第3章のチャート（概要）
　①要約文とは何か
　②要約力を鍛えるメリット
　③要約文を書く心構え
　④要約文作成のステップ

(3) 第3章のポイント
　①要約文作成のステップを常に意識しよう
　②筆者の主張を見つけ、自分の言葉でまとめよう
　③内容の乖離・漏れ・重複、非文・悪文がないか確かめよう
　④段落方式とキーワード方式を使いこなそう

2．要約文とは何か

　要約文とは、文章の要点を短くまとめたものである。原文の筆者が言いたいことを、要約文を作成する人の言葉で捉え直し、書きまとめる作業と言ってもよい。

　要約文は、たとえ読み手に予備知識がなくとも原文の主題を理解できるように、まとまりのある文章に仕上げなくてはならない。短い文章で原文の全体像を伝えるという意味で、要約文は小説のあらすじに似ている。あらすじは、小説を読む前にその内容を的確に掴むことができるように書かれているものである。そのため、あらすじが小説の要点を上手く押さえることができていなかったり、作成者の個人的な意見や考えが含まれていたりしたら、その意味がなくなってしまうだろう。また、要約文は授業の際にノートを取ることに似ている。ノートを取るときに、教員の話す言葉の全てを書き記そうと思う学生はいないだろう。ノート取りは、後で授業の要点を復習するために行うものだから、授業中に大切ではないと判断したことはノートに取らないはずである。要約文を作成する際にも、これらと同じことが言えるのである。

3．要約力を鍛えるメリット

　幼児教育系の学生が履修する科目では、課題として与えられた専門書や論文の要点をまとめ、これに対する自分の考えを述べるという形式のレポート提出を求められることもあり、要約力は必須である。しかし、それ以上に重要なことは、要約をする訓練を積むことで、コミュニケーション能力が向上するというメリットである。要点をまとめる能力が向上すれば、日々の生活の中で、他者がどのような意図で話し、書いているのかをよりよく理解できるようになる。その上、自分自身の話し方や

書き方にも磨きがかかり、自分の考えを他者から正確に理解されることに繋がっていく。例えば、会議や発表などの多い仕事関係においては、議題の要点を的確に押さえつつ、情報を取捨選択して端的にまとめ、発言することが可能になる。意思伝達が常にスムーズなため、結果的に仕事を要領良く進めることができる。また、対人関係においても会話が支離滅裂になるようなことがないため、論理的な話し方ができるようになり、相手との相互理解が進んで、より魅力的なコミュニケーションがとれるようになるだろう。さらに、幼児教育に携わる者にとって、要点を押さえた話し方ができることは特に重要である。幼児に対しこちらの意図をしっかりと伝えることができなければ、幼児は思いがけない行動をとるなどして、事故にも繋がりかねないからである。また、子ども同士で喧嘩が生じた場合などに、その一連の出来事やお互いの気持ちをまとめて整理する際にも要点をまとめる能力が必要になる。

　このように要約力は様々な角度から重要であるため、意欲的に取り組んでほしい。

4．要約文を書く心構え

　要約文を作成する際には、まず、文章全体を読み込んで原文の要点を把握することが大前提である。しかし、文章を読んで筆者の主張が理解できたと思っても、それだけで良い要約文が作れるわけではない。

　要約文は、原文の要点を簡潔に示すものでなければならない。故に、時には文章の順序や表現を変えたりして、自分の言葉で、原文の筆者の主張を短く伝わりやすい形に書き換えなければならない。もっとも、書き換えると言っても目的は原文の要点を示すことであるから、あくまで加工し過ぎず、原文の内容に忠実であることは常に留意していなければならない。いずれにせよ、原文から文章や語句を抜き出してそれをただ

繋ぎ合わせただけの文章では、本当の要約文とは言えないことは確かである。

　したがって、要約文の作成は手順を意識して取り組まなければならない。次の「5. 要約文作成のステップ」で説明する要約文作成の手順を、しっかりと守って実践することを心がけよう。そうすれば、枝葉にあたる内容にばかり字数を使いすぎて、原文の主題が漏れてしまうという失敗も防げるだろう。また、ただ闇雲に書き進めるよりも、要約文作成のスピードは大幅にアップするだろう。

5．要約文作成のステップ

ステップ1：筆者の主張を述べている箇所を見つけよう

　要約文の作成作業にあたって大切なことは、その部分が原文全体の中で「問題提起をしている箇所」なのか、「具体例を挙げている箇所」なのか、それとも「筆者の主張を述べている箇所」なのかを判別することである。そして、要約文には「問題提起」と「具体例」の箇所は入れず、「筆者の主張」を書き出すようにする。筆者の言いたいことは「筆者の主張」の箇所に表れているから、「問題提起」や「具体例」は省いて「筆者の主張」に焦点を絞ることで、原文の要点を簡潔に示すことができるのである。

　例えば、文章中に「～とはどのようなものだろうか？」といった読み手に問いかける箇所があれば、それは「問題提起」であり、その答えは必ず文章中に書いてあるはずである。そして、その答えとなる箇所が「筆者の主張」であり、それがすなわち筆者の言いたいことである。また、「例えば～」などと始まるような箇所があれば、それは「具体例」であるが、筆者としてはその例を用いて言いたいことがあるはずなので、その「筆者の主張」が書かれている箇所を探し出すことが大切である。こうして「問題提起」や「具体例」を省いていくことは、限られた文字数の中で要

約文を作成する上で必要不可欠の作業である。

なお、参考までに、「つまり〜」、「しかし〜」、「言うまでもないが〜」といった文言で始まる文があれば、そこには筆者の言いたいこと＝「筆者の主張」が書かれている可能性が高いということは覚えておきたい。また、文章にタイトルがあればそれを参考にすることによって、筆者の主張は何かを予測できることを覚えておくとよい。

ステップ２：自分の言葉でまとめてみよう

「筆者の主張」を抜き出して、それをただ繋げただけで分かりやすい文章になるわけではない。要約文を簡潔かつ伝わりやすいものにするためには、そこからさらに無駄を削り、文章の順序や表現を言い換えるなどして、「筆者の主張」を短くわかりやすい形にまとめるという工程が必要不可欠である。要約文の完成度はこの段階の出来に左右されると言ってよい。以下にその技術や注意点をいくつか紹介しよう。

①重複した内容は、一つの文章にまとめる

「腹痛が痛い」と聞けば、「痛い」内容が２回も含まれているため違和感を覚えるだろう。「腹痛がある」とか「お腹が痛い」と表現するはずだ。このようなわかりやすいものではなくても、筆者がその主張を強調したいがゆえに複数回内容を繰り返しているようなところがあれば、要約文では簡潔にまとめ、字数の節約をする必要がある。

【例】
〈子どもをすくすくと育てるためには、木々に囲まれた公園が必要だ〉
私が幼少時代に親しんだどんぐりきり公園には木々がたくさんあり、その恩恵を存分に受けることができた。木々は日陰を作ってくれたり、鬼ごっこでは隠れる場所を作ってくれたりした。木に登ればそこからの眺めは最高だった。木の上で鳥の巣を見つけたことは、今でも忘れられない思い出である。

> ところが、最近の公園の土は、アスファルトやコンクリートで固められたものばかりが目立ち、木々が少ない。公園に木々がない環境で育つ子どもが可愛いそうだ。
> →この文章は、結局は「子どもの育つ場の公園には木々があるべきだ」という主張の繰り返しである。したがって、要約文に入れる内容は一つにまとめて差し支えない。

②長文をさけ、修飾語句などを削除したり短い言葉の表現に変えてみたりする

修飾語句とは、その言葉通り、語句を「飾る」言葉で、基本的に書かなくても問題がないものである。特に200字程度の要約文では、実際に練習してみればわかるように、原文で論拠を示すために使われている数値や、細かい具体的な描写にまで字数を割く余裕がない。なお、具体的なデータや数字のほか、専門用語も、余程のことがない限り除外すべきである。なぜなら、専門用語を要約文に入れると、一般の読者には意味がわからないかもしれないため、語句説明が必要となり、要約文が長くなってしまうからである。

また、長い文章を短い言葉に言い換える作業は、語彙力があればあるほど有利なので、日々読書や新聞購読を続けていけば、加速度的に上達していくだろう。

> 【例】
> 毎日いつも書いている指導案をもう一度よく見直して考えてみる必要があると考えられる。
> →日々の指導案の再検討が必要だ。

③肯定文で表現しよう

　要約文の読み手が誤解を招かない表現にすることが重要である。例えば、否定文で書くことを避け、肯定文で表現するなどの工夫も大切である。

> 【例】
> 　いっくんが知っていたと考えられないわけではない。
> 　　→いっくんが知っていたと考えられる。

④直接引用は避けよう

　直接引用とは、原文の一部または全部をそのまま写し取って書くことである。この場合には、出典を記さなくてはならない。もし、明示もなく、かつ筆者の許可を得ることもなく、あたかも自分の主張や発見であるかのように原文の文章をそのまま用いた場合は、著作権侵害という違法行為になりかねない。たとえ授業のレポートであっても同様であるので十分に注意してもらいたい。直接引用は、筆者の選択した表現や意図を正確に伝えるため、あえて手を加えたくない場合などに限られると理解して極力避け、基本は自分の言葉で言い換えるものと心得よう。

　著作権の考え方・引用の方法・参考文献リストの書き方などについては補章を参照して欲しい。

ステップ3：よく確認して完成度を上げていこう

　「筆者の主張」を制限字数内にまとめるめどがついたら、原文と要約文との間に内容の乖離・漏れ・重複がないかをよく確認しよう。原文が長かったり反論が含まれたりする場合、いざ要約文を書く際に、本来の「筆者の主張」とは異なるものになりがちである。すなわち、「自分の言葉」でまとめることに集中するあまり、要約文に原文には書かれてい

ない「自分の考え」をつい盛り込んでしまうことがあるのである。そうならない対策として、「筆者の主張」にアンダーラインを引いて印をつけたりメモを取ったりなどの工夫は、乖離だけではなく、「筆者の主張」の漏れを防ぐことにも有効である。また、同じ内容や情報が重複して字数を取りすぎていないかも確認しよう。重複が見つかればその節約できた字数に他の内容を入れ込むことができ、より充実した要約文になるであろう。

　そして、要約文が一応完成したら必ず最終確認をする習慣をつけたい。文章というものは何回確認しても間違いが見つかったり、より読みやすいものにできたりして、改善できる箇所が見つかるものである。第1章で取り扱った非文・悪文（特に、話し言葉、主述の対応、誤字・脱字など）にも注意しながら、全体として読みやすいかを確認しよう。また、指示語（「それ」、「これ」など）は多用せず、使う場合は指示語が指し示す対象が明白かどうか、常にチェックしよう。

ステップ4：段落方式とキーワード方式を使いこなそう

　ステップ1〜3の作業を効果的に行うために、以下の2つのアプローチがある。課題文の性質に応じて、①段落方式と②キーワード方式を自在に使いこなせるようになれば、要約文作成の技術が一通り身についたと言えるので、是非マスターしよう。

①段落方式

　要約の課題文とされることが多い専門書や論文、あるいは社説などは、「起・承・転・結」や「序論・本論・結論」といった理路整然とした構成を取っている。特に、原文の論旨の展開が段落を追って整然と進んでいく場合には、字数を考慮しながら各段落の内容をまとめてつなぎ合わせていく段落方式が有効である。

　この方法では、各段落の中心文（段落の中で最もその段落の内容を表して

いる文章)を探すことから始めるとよい。なぜなら、一つの段落は中心文（主に筆者の主張・意見・考え）とその他の文章（具体例・説明・理由）から構成されていることが多いからである。

以下の文章を読んで、中心文とその他の文の位置を確認しよう。

【中心文が最初にある例】
　<u>じゅんくんは思い切り泥んこ遊びをした方がいい。</u>そうすれば外での遊びがもっと楽しくなるはずだ。もしかしたら、免疫力が上がって風邪を引きにくくなるかもしれない。

【中心文が中にある例】
　あなたは、ゲームソフト遊びとおままごと遊びでは、どちらが子どもにとって学びが多いと考えるだろうか。私は<u>おままごと遊びの方が優れている</u>と考えている。もちろん、あなたの考えとは異なるかもしれない。

【中心文が最後にある例】
　みらちゃんはパソコンを使って絵を描きます。ちーちゃんと一緒にインターネットのパズルもします。キーボードに文字を打って動物についても調べます。<u>幼児が自分でパソコンを操作することはこの幼稚園ではごく当たり前のことなのです。</u>

　このように、中心文は段落の最初に提示されていることもあれば、中に差し込まれていることもあれば、最後に示されていることもある。
　この中心文が、その段落の内容をまとめる基軸になる。中心文に表れた筆者の主張を中心に据え、それ以外の具体例や出来事は簡略化または削除するとともに、表現を自分の言葉で適宜言い換えて、段落ごとの内

容をまとめていくのである。

このようにしてまとめた段落ごとの内容を、上手く繋ぎ合わせて要約文を作成するのが段落方式である。

なお、それぞれの段落が短く、段落数が多い場合など、段落ごとの内容をつなぎ合わせていったのでは明らかに制限字数に収まらないことも多々ある。その場合、複数の段落の内容をひとまとめにしたり、論旨の展開との関連が低い段落を省いたりといった工夫が要求される。

②キーワード方式

原文が「起・承・転・結」や「序論・本論・結論」といった、各段落の役割が明確な理路整然とした構造を持っていない場合は、段落ごとにまとめただけでは要点を伝えにくい。また、段落が極端に多い文章の場合も、段落ごとのまとめ方では字数が膨らんでしまい、特に200字程度の短い要約文にまとめることは難しいことがある。そのような場合には、原文のキーワードに着目して要約を行う方法（キーワード方式）が有効である。すなわち、原文から筆者の主張の中核をなすキーワード（単語あるいは文の一部）を拾い出してまとめる方法である。

比喩的に言えば、段落方式は、針金と粘土で猫の置物を形づくる時に、先にある程度針金に粘土が付いている物体から、落とせる無駄な部分を削り取っていき、次第に手・足などが浮き彫りになっていくイメージである。それに対しキーワード方式は、初めから中核となる針金の骨組みに、最低限必要と思われる手・足などの肉付けをしていくイメージである。

段落方式とキーワード方式の関係については、本章末尾の「7. 課題と解説」で実例を示しているので、具体的な手法を学んでほしい。

6．練習問題

本格的な要約の課題に取り組む前に、簡単な練習問題を通して、原文の要点を簡潔に示す要約文とはどのようなものであるかについてのイメージを掴んでみよう。

まず、下の文章例を読んで、次にその要約例を読んで欲しい。

〈文章例〉

〈日本のモンテッソーリ教育〉

　Google 創業者のラリー・ペイジとセルゲイ・ブリン、Amazon.com 創業者のジェフ・ベゾスなど、世界で活躍する多くの著名人が、感覚教育法に基づく教材で自発性や創造性を育てるモンテッソーリ教育を受けていたことで、日本でもこの 20 世紀初頭に考案された教育法が再び高い支持を受けている。しかし、日本とアメリカのモンテッソーリ教育を比較すると、アメリカでは幼稚園だけではなく高校にかけてまで数多く存在するのに対し、日本では幼児のための教育法というイメージがつき限定的だ。モンテッソーリの教育法を取り入れている所は東京だけでも 100 箇所近くあるが、それらは幼稚園や保育所でのことだ。

要約例①	感覚教育法に基づくモンテッソーリ教育が再び支持されている。
要約例②	日本でのモンテッソーリ教育は支持されてはいるが幼児の教育法として限定的だ。
要約例③	アメリカではモンテッソーリ教育が普及しており、Google や Amazon.com の創立者が成功したのもそのおかげだ。
要約例④	日本の幼児のための教育法は限定的ではあるが、幼稚園は 100 園もあり十分である。

あなたは、要約例①〜④のうち、どの文章が原文の要点を最も表していると考えるだろうか。この文章例には、明確な主張は書かれていない。この「明確には表れていない」筆者の主張を示すことができれば、原文の要点を探し当てたと言えるだろう。

まず、この文章例のテーマは、タイトルにもあるように、日本のモンテッソーリ教育だろう（要約文作成のステップ１参照）。要約例③は、アメリカでのモンテッソーリ教育について述べているが、アメリカの状況は、日本との対比であって要点ではない。GoogleやAmazon.comの創立者の話も単なる具体例に過ぎず、要点を示すものではない（同ステップ１参照）。次に要約例①は、上述したように、「しかし」以降に示された文章が筆者の最も言いたいことが記されていると推測できるにもかかわらず、それ以前の部分のみで構成されており、内容に偏りがあって、要点を示しているとは言えない（同ステップ１参照）。また、「感覚教育法」と言う一般の人は知らない専門用語を含んでいる点も相応しくない（同ステップ２の②参照）。要約例④は、日本での幼稚園の数が「十分」となっているが、原文にはそのような主張はなく、要約した者の独自の解釈や意見が入り込んでしまっており、要点の把握としておよそ不適切である（同ステップ３参照）。また、100園という数字が示されているが、具体的な数値が含まれている点からも不適切である（同ステップ２の②参照）。これらに対し要約例②は、テーマとなる日本のモンテッソーリ教育が主語となっており、その実情（支持されている）と課題（幼児の教育法として限定的）が示され、要約として最も適切である。

この文章例が暗に主張したいことは、「モンテッソーリ教育が幼児教育のみに留まるべきではない」ということであり、これが原文の要点ということになろう。この主張は原文の文章例からも要約例②からも同じように伝わる。このように、原文を読まなくてもその要点（主張したいこと）が伝わる文章が優れた要約文なのである。

7．課題と解説

社説を題材として、筆者の言いたいことを要約する練習を行う。

以下に朝日新聞の2017年9月9日付の社説を掲載する。まず、解説と模範解答に目を通す前に200字以内で要約してみよう。なお、要約文全体をひとつの段落と考え、字下げはしないようにしよう。

【課題】

〈無痛分娩　安全確保へ基準作りを〉

　安心して赤ちゃんを産めるよう、医療界は全国の実情を調べるとともに、安全確保のための基準作りを急がねばならない。

　麻酔で出産時の痛みをやわらげる「無痛分娩（ぶんべん）」をおこなった母子が、死亡したり重い障害を負ったりする事故が、2008年以降、少なくとも6件起きていることがわかった。

　無痛分娩は出産時の疲労やストレスの軽減に役立ち、その後の育児を楽にして、職場復帰の手助けにもなる。米国やフランスではお産の半分以上がこの方法だ。日本では、おなかを痛めて産むことを良しとする考えが根強く、普及しなかったが、近年選択する人が増えている。日本産婦人科医会によると、昨年度はお産全体の6.1％を占め、08年度の推計2.6％から大幅に伸びた。

　通常の分娩に比べて、無痛分娩は事故の発生率が高いというデータがあるわけではない。ただ、6件の事故が起きた診療所では当時、産科医が一人で麻酔も担当していた。処置自体は難しいものではないが、やり方が適切さを欠いたり、容体が急変したときの対応が十分でなかったりした可能性がある。

第3章　要約文を書こう　55

　　同医会は全国の産科医療機関を対象に実態調査をしている。死亡や障害に至らなかった「ヒヤリハット」の事例も含めて把握・検証し、問題点を洗い出さなくてはならない。
　　また、いまは無痛分娩に関する安全基準や指針がない。このため厚生労働省は８月に研究班を発足させ、今年度末をめどに提言をまとめることにした。
　　お産が大きな病院に集約されてきている欧米と違い、日本ではおよそ半分を診療所が担う。無痛分娩も半数以上は診療所でおこなわれている。
　　麻酔を専門で担当する医師を常駐させることが難しい場合、異常時に備え、産科医や看護師、助産師は日ごろからどのような態勢をとるべきなのか、近くの医療機関とどのように連携するかについても、具体的に検討することが欠かせない。
　　医師らが正しい知識と技術を習得できる場を整備するとともに、研修などを受けて技量を備えた者を学会で認定し、それが利用者にもわかるようにしておく仕組みも必要だ。
　　出産時の妊婦や新生児の死亡率でみると、日本は最も安全にお産のできる国だ。それでもリスクがなくなることはない。麻酔のメリット、デメリットを含め、医師は正確な情報を伝え、妊婦や家族は疑問があれば納得するまで話を聞く。お産に関してもそんな姿勢が大切だ。
(969字)。

　この課題は社説であり、タイトルが設定されている。「無痛分娩　安全確保へ基準作りを」が、主張の中心になることが推測できる。上述のように、タイトルが本文の主張を表すものであることを念頭に置いて読み進めていくことは要約文を作成する際に有用である。
　ではまず、本文の内容を段落方式でまとめたものを以下に示そう。

【段落ごとにまとめたもの】

〈無痛分娩　安全確保へ基準作りを〉
第1段落：医療界は全国の実情を調べ、安全確保のための基準作りを急ぐべき
第2段落：無痛分娩により死亡や重い障害になる母子の事故が存在
第3段落：無痛分娩は出産による精神的・肉体的負担の軽減になり、近年増加傾向
第4段落：処置が不適切だったり、容体急変への対応が不十分だったりした事故の可能性
第5段落：実態調査から問題点を洗い出すべき
第6段落：厚生労働省は安全基準や指針に関する提言をまとめる方針
第7段落：日本では約半分の出産を診療所が担い、無痛分娩も半数以上は診療所
第8段落：異常時に備えた態勢づくり、近隣医療機関との連携の具体的検討が不可欠
第9段落：医師らが知識と技術を習得する場の整備及び技量を備えた者を学会で認定し利用者に知らせる仕組みも必要
第10段落：出産のリスクは不可避で、医師は正確な情報を伝え、妊婦や家族は納得出来るまで聞くという姿勢が大切
(323字)

　1000字近い文章でも段落ごとにまとめるだけで字数を相当削れることがわかる。しかし、これでもまだ300字以上もあるので、段落の内容をまとめてただ繋げただけでは字数をオーバーしてしまう。段落方式においてはこのような場合、複数の段落をまとめたり、重要性の低い段落を省いたりといった工程に入っていき、最終的に200字にまとめていくことになる。
　ただ、以下では、段落方式ではなく、キーワード方式を用いて仕上げ

ていくことにする。本来キーワード方式を用いる場合は、段落ごとにまとめることなく、即、原文から直接キーワード選びに入って良いのだが、以下では、段落ごとにまとめた文章からキーワードを抽出している。キーワード方式は、初めから用いても良いし、段落方式の中で使っても効果を発揮するのである。

【キーワードで絞った箇所】

〈無痛分娩　安全確保へ基準作りを〉
医療界は全国の実情を調べ、安全確保のための基準作りを急ぐべき
無痛分娩により死亡や重い障害になる母子の事故が存在
無痛分娩は出産による精神的・肉体的負担の軽減になり、近年増加傾向
処置が不適切だったり、容体急変への対応が不十分だったりした事故の可能性
実態調査から問題点を洗い出すべき
厚生労働省は安全基準や指針に関する提言をまとめる方針
日本では約半分の出産を診療所が担い、無痛分娩も半数以上は診療所
異常時に備えた態勢づくり、近隣医療機関との連携の具体的検討が不可欠
医師らが知識と技術を習得する場の整備及び技量を備えた者を学会で認定し利用者に知らせる仕組みも必要
出産のリスクは不可避で、医師は正確な情報を伝え、妊婦や家族は納得出来るまで聞くという姿勢が大切

☐で囲った部分がキーワードである。

　タイトルからも明らかなごとく、無痛分娩の安全確保のための基準作りをすべきだということが筆者の主張の中心である。したがって、「無痛分娩」「安全確保」「基準作り」「安全基準」「指針」と言った言葉は、必ずキーワードとしてチェックすべきである。その他には、無痛分娩の「増加傾向」とそれに伴う「事故」を筆者の主張の根拠を表すキーワードとし

てチェックし、「実情を調べ」ることや「実態調査」により「問題点」を見つけることは、筆者の主張を実現するための手段を表すキーワードとしてチェックした。原文の後半部分からは、無痛分娩の「安全確保のための基準」の内容を示すと思われる「診療所」の「態勢」とその「近隣医療機関との連携」、「医師らが知識と技術を習得する場」、「技量を備えた者を学会で認定し利用者に知らせる仕組み」をキーワードとして取り上げた。そして最後に、筆者が作成を主張する「安全基準」の限界を示すキーワードである「リスクは不可避」をチェックした。

　この社説では、「安全確保のための基準作りを急ぐべきだ」というのが筆者の主張であり、それを説得力あるものにするために、様々な根拠や具体例を挙げている。この全体像を頭にしっかり入れた上で、キーワードを文章にまとめて要約文を完成させよう。

【解答例】

無痛分娩による出産が増加傾向にあるが、その際に重大な事故が起きている。医療界は実態調査を行って問題点を明らかにし、無痛分娩の安全確保のための基準作りを急ぐべきである。無痛分娩を担う診療所の態勢や近隣医療機関との連携の検討、医師らに対する教育制度及びその技量を認定して利用者に知らせる仕組みの整備も必要だ。また、出産のリスクは不可避なため、当事者らが積極的にコミュニケーションをとる姿勢が大切になる。

(199字)

以上がこの社説のキーワードを網羅した上での200字以内の要約である。200字の制限がある場合、200字ちょうどにまとめる必要はないが、最低でもその9割を目安にし、180字より多くマスを埋めるように心掛ける必要がある。

8．提出課題

　教員の指示にしたがい、巻末の課題ワークシートを完成させなさい。

9．第3章のポイントの復習

①要約文作成のステップを常に意識しよう
②筆者の主張を見つけ、自分の言葉でまとめよう
③内容の乖離・漏れ・重複、非文・悪文がないか確かめよう
④段落方式とキーワード方式を使いこなそう

第4章　手順の説明文を書こう

大岡　紀理子

1．第4章のナビゲーション・マップ

(1) 第4章の目的
　第4章では、手順を説明する文章について学ぶ。ものごとを順序立てて論理的に説明することができるようになるために、いくつかの例を参考にしながら、実際に手順の説明文を作成してもらいたい。

(2) 第4章のチャート（概要）
　①手順を説明するとは？
　②手順の説明文のいろいろ
　③手順の説明文を書くときに
　　－全体像を示そう－
　④手順の説明文を作成する際の注意点

(3) 第4章のポイント
　①説明しようとしている事柄の全体像を把握する
　②説明する事柄を、適切な分量でいくつかの部分に分ける
　③はじめに全体像を提示した上で、各部分をわかりやすく順番に配列する
　④説明を進める際、読み手が内容を追えるかどうかを十分に考慮する

2．手順を説明する文章

(1) 手順を説明するとは？
　手順を説明するとは、どういうことだろうか。また手順の説明文は、どのような場面で必要なのだろうか。

もし、卒業旅行に友人たちと海外に行こうと目標を立てたら、まず旅行の場所を決め、次に出発する日程やルートを決め、どのような準備が必要かを考え、料金を概算し、旅行までの準備を考え始めるだろう。このように、旅行の場合には予定に対して過程を決めていくことが手順の基本になるのである。こうした順序を考える過程は、日々の生活の中でも重要である。つまり、物としては何が必要で、どのような準備が必要なのか手順を考え、それを人に伝え、行動や作業を進めさせていくのが手順の説明である。一般に手順とは、上述したように物事をする時の順序や段取りをいうが、手順を説明する身近な例としては、料理の作り方や機械の操作方法、道具の使い方などがある。このように他者に手順を説明する機会は、私たちの身の回りにたくさん存在している。

　これらの説明において、その手順が適切でなかったらどうなるであろうか。説明を受けた人はおそらく、料理を失敗し、機械を誤作動させてしまうだろう。万が一、うまく出来たとしても、何度も失敗を繰り返したり、作業の道具が足りなくて右往左往してしまったり、多くの時間を割いてしまうこともあるだろう。つまり、ある情報を伝える際には初めから終わりまで順序立てて説明をしないと、受け手は情報をうまく受け止めることができないのである。こうした点から、手順を追って説明することは極めて重要なことである。しかし、物事を説明するのが得意という人はあまり多くはいないかもしれない。逆に自分が説明下手ということに気が付いていない人も多いだろう。

　手順を説明する際、聞き手の状況によって、伝え方や伝える情報量などを変えていく必要がある。例えば、大人に機械の使い方を説明する時は、大人が持っていると考えられる既存の知識をもとに、必要な情報を伝えることができる。しかし、同じ機械を子どもに説明をする時では、一度に伝える情報量を少なくし、言葉も子どもが理解しやすい単語を使うことになるだろう。つまり、子どもに対しては、大人の説明書のような説明文ではわかりにくいこともある。また一度にたくさんの情報を与

えることが困難な場合もある。そのため、特に子どもに対しての説明は注意が必要である。

　今後、幼児教育に携わる者として、幼稚園、保育所、こども園など幼児教育施設において、子どもたちや保護者に手順を説明する場面が多くあるだろう。子どもたちへの指示や保護者への連絡事項などを的確に示すことは、クラス運営をしていく際に大変重要となる。そのため、子どもに手順を説明する際、どのような準備をし、どのような過程で物事を進めていくのか、その結果どのような状況になるのかを示すことが重要になってくる。手順の説明が間違っていて同じ結果が得られない、もしくは説明が不十分なために能率が悪かったということでは、あなた自身の信用も失いかねないのである。

　手順を説明するということは、初めて行う人が、示された手順で行えば、想定通りの結果を得られるように導くことである。そのためにも、手順を説明する際は、細心の注意を払って、わかりやすく正確に伝えなければならないのである。手順を説明する上で最も気をつけなければならないことは、「わかりやすさ」と「正確さ」である。

　本章では、大人を相手に手順を説明することを中心に述べていきたい。

(2) 手順の説明文のいろいろ

　教師になった際には、クラスや保護者会で子どもや保護者に説明したり、職員会議、学会などで他者に説明したり、様々な場面で手順を説明する必要がある。

　では、手順の説明文には一般的にどのようなものがあるだろうか。典型的なものとして、道順の説明や料理の作り方、機械の操作手順、遊具の準備、ゲームの遊び方の説明などがある。

　以下では、「1. 道順の説明」、「2. スライムの作り方」、「3. かくれんぼの遊び方」を見てみることとする。

「1．道順の説明」

> ヨット公園への行き方
> 　ヨット公園は、岡本小学校の隣にあります。
> 　幼稚園からヨット公園への行き方を説明します。ヨット公園までは、歩いて10分くらいです。まず幼稚園の門を出ると、目の前に交番とお花屋さんがあります。その交番とお花屋さんの間にある道を郵便ポストのある交差点まで進み、その交差点を左にまがります。
> 　次に2つ目の信号の交差点で右にまがると左側に岡本小学校が見えます。その先にヨット公園があります。

　道順を説明する際には、目的地までの間に目印となるものを、その道順に沿って向かう人の立場で説明することが原則である。そのため、まず説明する目的地がどこにあるのかを示すことが重要となってくる。次に、どこから見た目線で説明を始めるのかを示すことも忘れてはいけない。そして、道順を説明する際には、読み手や聞き手の心理を踏まえた適切な情報量で示すことが重要である。

「2．スライムの作り方」

> 《準備するもの》
> 割り箸2本　スプーン1本
> プラスチックカップ3個（カップaとカップbとカップc）
> ボウル1個
>
> 《材料》
> 洗濯のり（「PVA」と書いてあるもの）…50ml
> ほう砂…4g
> 水…90ml
> 絵の具…少量

スライムとは、半固形の玩具で、適度な粘性をもったゲル状の物体である。ここでは、野球ボールくらいの大きさのスライムの作り方を説明する

(1) まず、カップ a に水 50ml を入れ、作りたいスライムの色の絵の具を水の中に入れ、割り箸でかき混ぜる…㋐
(2) 次に、カップ b に洗濯のり 50ml を入れる…㋑
(3) カップ c に水 40ml を入れる。その中にほう砂 4 g をスプーンで少しずつ入れていき、割り箸でかき混ぜながら「ほう砂の飽和水溶液」を作る…㋒
(4) そして、ボウルに㋐と㋑を入れて、割り箸でよく混ぜる
(5) ボウルの中に㋒を少しずつ入れよく混ぜる
(6) ㋒の量でスライムの粘り具合が決まる。理想の硬さになるまでかき混ぜる

【注意事項】
・色移り防止のため、出来上がったスライムを布や紙の上などに放置しない
・スライムを保存する際は、乾燥を避けるためビニール袋や密閉容器などにしまう
・スライムや水溶液の誤飲を防ぐため、ジュースなどの容器には入れず、余った水溶液などは速やかに処分する

【ポイント】
・スライムの色ムラを防ぐために、材料である「洗濯のり」「絵の具」「水」「ほう砂」をただ混ぜるのではなく、㋐と㋑をまず混ぜた上で㋒を加えるという順序を守ること
・プラスチックカップを用いると分量が見やすく、失敗が少ない

「1. 道順の説明」と同様に「2. スライムの作り方」でも、はじめに読み手に出来上がりのイメージを与えることが望ましい。

「3. かくれんぼの遊び方」

(隠れる範囲)
　　壱番館の建物内
(今回の遊びに参加する人)
　　男子2名(ひろちゃん・たかちゃん)
　　女子2名(ちえちゃん・すみちゃん)
(準備するもの)
　　ストップウォッチ
(遊び方)
1. かくれんぼとは、鬼が目をつむっている間に鬼以外の人が物陰などに身を隠し、鬼が後から隠れている人を見つけ出すという遊びで、2人以上で遊ぶことができます。
2. まず、鬼が探すことができる時間は、5分という制限時間を決め、ストップウォッチは鬼が持っておくことにします。
3. 次にジャンケンをして鬼を一人決めます。鬼が目をつむって30秒を大きな声で数えている間に、他の人は鬼に見つからないような場所を見つけ隠れます。
4. 鬼は数え終わったら「もういいかい」と大きな声で尋ね、鬼以外の人は隠れ終わっていたら「もういいよ」、まだ隠れきれていない場合は「まあだだよ」と大きな声で答えます。
5. 「まあだだよ」の声が聞こえた場合、鬼はしばらくしてから再度「もういいかい」と尋ねます。「もういいよ」と答えが返ってきたら、鬼はストップウォッチを5分に設定して探し始めます。
6. 鬼は隠れている人を見つけたら「○○ちゃん、みいつけた」と見つけたことを宣言します。見つかった人は、その後鬼と一緒に行動を共にしますが、隠れている人を見つけてはいけません。

7. 全員が見つかると鬼の勝ちとなります。
8. 全員を時間内に見つけることが出来ない場合、鬼は「降参」と宣言します。その声が聞こえたら隠れていた人は鬼のもとに集合し、どこに隠れていたのかを発表します。
9. 続けてかくれんぼをする際は、鬼に最初に見つかってしまった人が次のゲームの鬼になります。

（注意事項・コツ）
・鬼が「みつけた」と言っているのに無視することは禁止
・鬼は見つけてもいないのに、「○○ちゃん、みつけた」などと言うことは禁止
・隠れる人は、一度隠れた場所から移動することは禁止
・トイレに隠れることは禁止
・安全な限り、鬼がそこに隠れていると想定しにくい場所に隠れると比較的見つかりにくい

　保育者として、遊び方の説明をすることも多いだろう。その際、どのようなゲームなのか全体像を示すとともに、どのようにスタートする遊びなのか、どういった場所で行える遊びなのか、どのようになったらゲームは終わるのか、といったことが重要になってくる。さらには、禁止事項や注意事項、コツなどを加えると、遊びがより充実してくる。また、ここでは鬼の決め方をジャンケンにしたが、くじ引きなどで決めることも可能だろう。そうした場合は、準備するものも変わってくる。

　上述した「2．スライムの作り方」、「3．かくれんぼの遊び方」では段階的に作業を進める必要があるため説明する量が多くなる。ひとつの文に複数の指示を入れすぎてしまうと、わかりにくくなってしまうため、番号や記号を記して小分けに説明している。

(3) 手順の説明文を書くときに─全体像を示そう─

手順の説明文では、これからあなたが説明する事柄は何なのか、最もポイントとなる箇所をまず示すことが必要である。前述の例で挙げた「1．道順の説明」や「2．スライムの作り方」で言うならば、目的地はどこにあるのか、どのようなものを作るのか、ということになる。まず全体像（何の説明をするのか）を示すことで、説明される側は、これから説明を受ける事柄の大枠をイメージすることができるのである。例えば、「〇〇公園は～にあります」、「～は大勢で遊べるゲームです」、「スライムとは～である」というようにこれから何を取り上げるのかということを示すことである。

　しかし、手順の説明文の種類によっては、大枠のイメージを文章で示さない場合もある。例えば、カップラーメンのつくり方（通常、容器の側面などに書いてあるもの）の場合、ラーメンとは何か、そのラーメンの種類は何か、といったことは示さず、つくり方だけが述べられている。つまり、誰もが知っていると思われることは示さず、また、はじめに示されるべき大枠のイメージを説明文以外の部分（例えばフタに描かれているラーメンの写真）が担っている場合も手順の説明文に盛り込まれない。

　手順を説明するにあたっては、必要な情報を整理して、簡潔に説明することを心がけるべきである。そして、必要な情報全体を適切な分量に分け、わかりやすい順に配列することが重要である。その際、「まず」「次に」など順序を表す語を使用することは、説明する事柄の順序が明確になってくるため効果的である。また、一つの文に盛り込む作業・手順は短く示した方が、わかりやすい。

(4) 手順の説明文を作成する際の注意点

　手順の説明文を書く際には、読み手の気持ちを考えなくてはならない。

以下にそのポイントを示すこととする。

- 読み手が誰なのかを特定する
- 読み手の知識や情報をふまえる（初心者を念頭に置くと良い）
- 読み手の理解できる用語を使用する
- 読み手が具体的に想定できるような記述や図を工夫する
  （例えば、箇条書き、一覧表、フローチャートなど）
- 読み手が必要とする情報を整理し、適切な分量で示す
- 必要な情報のみを伝え、無駄な情報は省略する
- 読み手の思考や行動を想定し、起こりうる状況や間違いやすい点への注意を促す
- コツや裏技などを必要に応じて補う

つまり重要なことは、書き手は何をどのように伝えたらわかりやすいのか、受け手は一度にどれくらいの情報量を処理することができるかを考えることである。

書き手は、自分が説明する事柄の内容をよく知っているはずである。例えば、ある遊具の取扱説明書を書くとき、その遊具の使い方を熟知していなければ説明書を書くことはできないだろう。だが、読み手はそれについて知っているとは限らない。そうした場合、両者の間に説明する事柄に対する知識の差が発生することになる。手順を説明する際には、読み手が順を追って少しずつ理解できるよう、情報の取捨選択を意識的に行うべきである。

また、特に機械の操作方法や実験の手順などでは、起こりやすい事柄や間違いやすい事柄の説明を加えておくと親切である。さらに、作業を成功させるコツやポイント、目印などを付け加えるとよりわかりやすい。

ここで上記とは反対に、私たちが手順の説明文を作成するときに陥りがちな悪いパターンも挙げておこう。

×読み手も共有していると勝手に判断し、説明が必要な情報を省略してしまう
×必要以上に細かく説明しすぎてしまう
×読み手がわからないような専門用語を解説なく使ってしまう
×手順通りに書かず、思いついた順で書いてしまう
×手順の説明中、唐突に注意点などを書いてしまう
×同時進行で物事が進むような手順を説明する際、どちらの工程を書いているのかを明記せずに書き進めてしまう
×準備するものを先に示さず、手順の中でいろいろな道具を示してしまう

　手順を説明するには、読み手が説明文を読んだ際、誤解なく理解できることが重要である。そのため、不必要な細かい説明を入れたり、読み手の思考に飛躍を強いたりすることは、手順の説明文では避けなければならない。また、事前準備が必要なものに関しては最初に示しておいたり、読み手の気持ちになって言葉を選んだりすることが重要である。

3．練習問題

【練習問題：パスタのゆで方を説明せよ。】

【解答例】
《準備するもの》
パスタ100g、塩5g、水2ℓ、パスタ鍋（深めの鍋）、トング、ざる
《パスタのゆで方》

① 1人分のパスタのゆで方を説明します
② まず、水2ℓを鍋に入れて強火でお湯を沸かし、沸騰したら塩5gを加えます
③ 次に、②の鍋にパスタ100gを放射線状に広げて入れます
④ ゆでている間の火加減は、お湯が吹きこぼれず、パスタが揺れる程度です
⑤ パスタがくっつかないように、トングで時々鍋のお湯をかき回します
⑥ 袋に表示してあるゆで時間より早めにパスタを1本引き上げ、それを指先でちぎってみるか、食べてみてゆで加減を確認します
⑦ パスタをざるにあけて水気をきります

《ポイント・注意事項》
・パスタのゆで加減は好みによりますが、中心に針先ほどの芯が残っているくらいが、美味しい頃合とされています
・火を扱うため、火事や火傷に注意しましょう
・ゆであがったパスタをざるにあける際、蒸気が上がるので気をつけましょう

解答のポイント
① 全体の構成に注意する
　・手順の全体像を最初に示す
　・全体を、「準備するもの」、「本文」、「ポイント・注意事項」の3部構成にする
　・本文を小分けにし、番号をふって、順を追いながら書き示す

②重要な点を簡潔に書く
　・記載する情報量は必要最小限になるよう心がけ、適切な分量にする
③わかりやすく書く
　・読み手が初心者である可能性を念頭に置いて書く
　・終始、読み手の気持ちになって書くように心がける
④ポイントや注意事項を必要に応じて書く
　・コツやポイントとなるような点、起こりうる可能性のある注意点について書く
⑤正しい日本語表現で書く
　・非文・悪文・話し言葉が入っていないか確認する

4．提出課題

　教員の指示にしたがい、巻末の課題ワークシートを完成させなさい。

5．第4章のポイントの復習

①説明しようとしている事柄の全体像を把握する
②説明する事柄を、適切な分量でいくつかの部分に分ける
③はじめに全体像を提示した上で、各部分をわかりやすく順番に配列する
④説明を進める際、読み手が内容を追えるかどうかを十分に考慮する

第5章　主張文を書こう

大岡　紀理子

1. 第5章のナビゲーション・マップ

(1) 第5章の目的
　第5章の目的は、論理的に整合性があり、かつ説得力のある文章の書き方を学ぶことである。そのために、主張する文章の「型」を習得する。

(2) 第5章のチャート（概要）
　①文章とは何か？
　②「説得する」とはどういうことか？
　③説得力のある文章を書くためには？

(3) 第5章のポイント
　①文章には説得力が必要である
　②説得力のある文章には、主張の根拠となる裏付けが必要である
　③ひとつの論理構成の「型」を身につければ、論理的に主張できる
　④声高に自分の意見ばかりを主張すると逆効果である。想定されうる反論を意識せよ

2. 主張する文章の考え方とその書き方

(1) 文章とは何か？
　第3章では要約すること、第4章では手順を説明することを学んだ。幼児教育系の学生にとって、手順を説明すること、要約する力が必要になることは述べてきた通りである。それらを土台として自分の伝えたいことを明確に示し、論理的に主張していくことは、特に保育の実践の場では重要である。論理的に主張する力は、もちろん保護者や地域の方々

に対して必要であるが、幼い子どもたちに対しても不可欠なスキルであることを忘れてはならない。例えば、子どもが何かいけないことをしてしまった時に、それが何故いけないのかを「説得する」ことが重要である。その場合、教え諭す内容が子ども向けの易しい内容であったとしても、それが分かりやすく示されなければ、子どもは何がいけないことなのか理解できない。論理的に順序正しく話を進め、かつ理由が正当な形で、その子どもを納得させることが必要である。したがって、幼児教育系の学生は論理的に主張する文章の書き方を身につけておく必要がある。ここでは文章の基本に立ち返って、文章とは何かというところから考えてみよう。

　幼児教育系学生のあなたは、「文章」という意味をそもそも理解しているであろうか。言葉の意味を知るためには、国語辞典を引くのが常道である。できれば2種類以上準備して読み比べると理解が進む。

　まず『広辞苑』(第七版、岩波書店)を引いてみることにする。そこには、「文字を連ねてまとまった思想を表現したもの」「文よりも大きい言語単位で、通常は複数の文から構成されるもの。それ自身完結し統一ある思想・感情を伝達する」とある。さらに、『新明解国語辞典』(第七版、三省堂：以下、『新明解』と略す)を引くと、「複数の文で、まとまった思想・感情を表したもの」とされている。つまり「文章」とは、複数の文を連ねた思想・感情を表現したものである。

　ここで、人はいったい何のために思想や感情を表現するのかということについて考えてほしい。たしかに、誰にも読ませない日記などの場合には、書くことによって自分の考えを明確化させたり、複雑な感情を整理して自らを癒したりすることもあるだろう。しかし、多くの場合は「他人に伝えたい」から表現するのである。しかも、ただ伝えたいだけではなく、わかってもらいたいのである。なぜなら、わかってもらえなければ、伝えたいという目的が達成できないからである。つまり、文章とは「読者を説得するために、自らの考えを表現、説明した複数の文」と言える。

(2)「説得する」とはどういうことか？

　それでは、「説得する」とはどういうことなのか。再び国語辞典を引こう。『広辞苑』で「説得」の項を見ると、「よく話して納得させること」とある。『新明解』では、「自分の意志や主張を十分に話し(伝え)て相手に納得させること」とある。ここに、第5章の課題である「主張」の語が出てくる。主張する文章を書くには、相手を納得させることができなければならないのである。さらに少し読み進むと、「―力」という小項目があるが、「説得力」という項目の意味である。そこには、「相手を説得するに足る、裏付けと話術」とある。ということは、主張する文章には相手を説得するための「裏付け」が必要なのである。ここでは、これを「主張の根拠・理由」としておく。

　これまでのことを考え合わせて、「説得する」ことの意味を「自分とは反対の意見を持つ者に対して、その反論を超える十分な根拠を示して、相手の気持ちを変える」と定義しておこう。

(3) 説得力のある文章を書くためには？

　主張する文章を書くためには、説得力のある文章を書く力が必要であることがわかった。また、説得するためには、相手の反論を超える十分な根拠を示す必要があることもわかった。しかしながら、これだけでは具体的にどうしたらよいか、まったくわからない学生も多いだろう。ここで提案したいのは、文章を学ぶにはルールを覚えるということである。

　あなたにとって、非常に理解しやすい方法を提供してくれている参考文献がある。樋口裕一著『「伝わる文章力」がつく本』(大和書房2016年)という書籍である。とにかく、「型」を身につけて、使いこなせるようになれば、説得力のある文章が書けると高らかにうたっているのである。さっそく身につけて、実際に応用する練習をしよう。なお、ここでは樋口の説明のごく一部しか紹介できない。ぜひ、この本を購入して読破し、数々の練習問題に取り組んでほしい。

① 主張とその根拠の示し方

それでは、樋口式「型」(公式)を見てみよう。

樋口式 A 型
第一部　言いたいことをズバリと書く
第二部　第一部で書いた結論の根拠や具体例、対策などを説明する

樋口式 B 型
第一部　根拠や具体例、考えのきっかけなどを説明する
第二部　言いたいことをズバリと書く

いきなり、2つの「型」(公式)を同時に示したが、これは順番が入れ替わっているだけで、本質的には同じものである。つまり「主張」と「説得するための説明」を組み合わせたものであり、どちらが先に来るかの違いである。以下に、樋口式 A 型と B 型を用いた文章例を示すので、比較してもらいたい。

【樋口式 A 型の文章例】
　幼児教育施設において避難訓練は重要である。
　避難訓練のねらいは、災害や事件が発生した際に保育者の指示に正しく従って、子どもたちが安全な場所に逃げられるようにすることである。また、保育者自身が子どもたちを守るために、動揺することなく的確な指示を出せるようにするためでもある。
　訓練を行なっていたために、保育者が適切に子どもたちに指示を出すことができ、子どもたちの命を救うことができたという事例が数多く存在する。

【樋口式B型の文章例】
　避難訓練のねらいは、災害や事件が発生した際に保育者の指示に正しく従って、子どもたちが安全な場所に逃げられるようにすることである。また、保育者自身が子どもたちを守るために、動揺することなく的確な指示を出せるようにするためでもある。
　訓練を行なっていたために、保育者が適切に子どもたちに指示を出すことができ、子どもたちの命を救うことができたという事例が数多く存在する。
　以上の理由により、幼児教育施設において避難訓練は重要である。

　以上の文中では、「幼児教育施設において避難訓練は重要である」が主張であり、その根拠として避難訓練のねらいが挙げられている。樋口式A型は、読者に文章の主旨をより分かりやすく印象付けたい場合に適切である。また、樋口式B型は、避難訓練がどのようなねらいがあるのかをより強調して述べたい場合に適切である。また、これらの型は、200～300字程度の比較的短い文章を書く際に有用であると樋口は述べている。

②反論を生かす主張の型
樋口式四部構成型
　樋口が提唱する樋口式四部構成型は、400字以上の文章を書く場合に適しているとされている。しかし、筆者は200字の場合にも十分使えると考える。なぜなら、この型の特色は論理構成がしっかりしており、字数の多少はそれほど大きな要因とはならないからである。それでは、どのような「型」(公式)であるかをオリジナルのものに若干の修正を加えて紹介する。この「型」は4部構成となっており、①問題提起、②意見提示、③展開、④結論である。

なお、この「型」に限らず文章を書き始める時には、あらかじめ構成を考え、結論を考えた上で書き出してほしい。構成や結論を考えずにスタートしてしまうと、途中で内容が変化したり、軸がぶれたりする原因になることも少なくない。

第一部　問題提起
　文章の冒頭で、自分が主張したいことについての問題提起をする。例えば、「……は、……ではないだろうか」や「……は、はたして……と言えるのだろうか」という書き方をすればよい。比較的長い分量であれば、樋口が述べるように結論を書いても、自分の主張を明確にしてもよい。しかし、200字で書く場合には、以下の第四部と同じ内容となり重複してしまうため、問題提起にとどめておくほうがまとまりがよい。

第二部　意見提示
　次に、「たしかに、……」のパターンを用いて、自分の主張への想定される反論を述べておく。これは「譲歩」という表現でも言い表すことができるであろう。つまり、反論してくるであろう意見に対し、譲った意見をはじめに言っておくのである。ただただ、自分の意見を声高に主張するのではなく、冷静に相手の意見への理解があることを示しておく。そして、その直後に「しかし……」のパターンで続ける。「たしかに、……。しかし……」の接続詞を効果的に使用した文章の型である。相手の反論を即座に否定し、反論を封じ込めるのである。このとき、注意しておきたいのは、前半部分であまりに説得力のある反論を準備しないことである。要点は、否定することにある。否定しやすい反論にするのがコツである。

第三部　展開
　その次に、自分の主張がいかに正しいかを説明する。このとき、接続

詞を効果的に使い「なぜなら……からである」のパターンを用いる。つまり、第三部においては第二部で相手の意見を否定した理由や根拠を述べることによって、主張を正当化するのである。説得するには、「裏付け」が必要と述べたが、ここで理由や根拠を述べることによって、文章に説得力が増し、読み手の理解のしやすさも格段に高まるのである。「なぜなら……からである」は理由を述べる際によく使われる文章の型である。文章の決まった型を使うと、文章自体の流れがスムーズになり整った文章になっていく。

第四部　結論

最後に、全体を整理して、イエス・ノーを明確にする。「したがって、……」というパターンを用いるとよい。

以上が「型」(公式)である。これを具体的な文章の例で見てみよう。まず、この「型」(公式)を使わずに、声高に自分の意見ばかりを強硬に主張している文章を示す。

幼児期に使う物は、絶対に陶器がいいはずだ。例えば、陶器の食器を使うことで、温度を感じやすく、火傷をしないよう冷ますなど、事前に考えるようになる。また、陶器は壊れないように丁寧に扱わなければならないが、大切に扱えばほとんど劣化せず長く使い続けられる。幼児期に陶器のように壊れやすい物をあえて使う経験を重ねることで、物を大切にする心が育まれる。そのためにも、幼児期には陶器を使うべきだ。

みなさんもいろいろな実習先に行き、様々な教育方針で幼児教育を行っている現場に遭遇してきているだろう。その中では、園庭での遊び方の違い、保育者の服装や教育観の違いなど、戸惑うことも多いだろう。また、実習先から大学に戻り、実習先での経験から自分の考えを述べる授業もあるだろう。そのようなときに、上述のような個人の思いのみを前面に押し出して述べてしまっては、一人の一意見としてしか聞いてもらうことができない恐れもある。

　それでは、樋口式四部構成型を用いてこれを書き直してみる。言っていることはほとんど変わらないが、「型」(公式) に当てはめただけで説得力が増すことを実感してほしい。

> 幼児期から陶器を使わせることを推奨すべきであろうか。たしかに、幼児が陶器を扱うと叩いたり落としたりして壊してしまいやすい。しかし、物を大切に扱うことを教えるためにも、あえて陶器を幼児のうちから積極的に使わせるべきだと考える。なぜなら、陶器は衝撃に弱いという特質があるため、必然的に丁寧に扱わなければならず、そうした経験が幼児の物を大切にする心を育てるからである。したがって、幼児期から陶器を使用することには教育的な意義がある。

　さて、どうであろうか。反対論者が考えそうな反論のひとつが示され、それが根拠を持って否定されており、説得力が増している。実際には、ほかにもいろいろと反論は出てくるだろう。しかし、反対論者としては、ここで否定された根拠を逆転して再否定しなければならなくなっているのである。

　このように、相手の反論しようとする力をうまく利用するところに、この「型」の優れた特色がある。また、接続詞をうまく使うことで、文章の起承転結がはっきりとし、メリハリのある文章になる。さらに、接続詞があることで、文章がわかりやすくなり、文章自体の質の向上にも

つながるのである。
　それでは、この例がどのようにつくられたのか、プロセスを追うことにする。まず、樋口式四部構成型を次のように表してみる。

①A（Eに関する問題提起）
②たしかに、B（Eに対する反論）
③しかし、C（Bの否定）
④なぜなら、D（Cの理由・根拠）からである
⑤したがって、E（主張）

１．結論を決める
　最初に考えるべきは、E、つまり主張であり、この文章の結論である。そこで、最初に次の文をつくる。
　　E＝「幼児期から陶器を使用することには教育的な意義がある」
２．反論を考える
　　B＝「幼児が陶器を扱うと叩いたり落としたりして壊してしまいやすい」
３．上の反論を否定する
　　C＝「物を大切に扱うことを教えるためにも、あえて陶器を幼児のうちから積極的に使わせるべきだと考える」
４．否定の根拠を考える
　　D＝「陶器は衝撃に弱いという特質があるため、必然的に丁寧に扱わなければならず、そうした経験が幼児の物を大切にする心を育てる」
５．論旨にふさわしい問題提起を考える
　　A＝「幼児期から陶器を使わせることを推奨すべきであろうか」

　これを、「型」（公式）に当てはめればよいのである。以上のプロセスを

普通の言葉遣いでは「下書き」と呼ぶ。当てはめることを「清書」と呼ぶ。どのようなときにも、この型で主張できるようにしておきたい。

「型」(公式)に当てはめたら、以下のチェックポイントで推敲してみよう。

「主張する文章」のチェックポイント
① 指定された「型」を使用しているか？
　(A)。たしかに、(B)。しかし、(C)。なぜなら(D)からである。したがって、(E)。
② 論理的に整合性があるか？
　1) 問題提起に対する結論となっているか？　AとE
　2) 結論に対する反論になっているか？　BとE
　3) 「しかし」の前後が逆関係になっているか？　BとC
　4) 「なぜなら」のあとが根拠として成立しているか？　CとD
　5) 結論が成立しているか？　E
③ 適切な日本語表現になっているか？

3．練習問題

　以下の朝日デジタル 2017 年 5 月 6 日の新聞記事を読んで、あなたの主張を、樋口式四部構成型を用いて 200 字以内で書きなさい。

赤ちゃんポスト10年の現実　120人以上の命救う

　親が育てられない子どもを匿名で預かる「こうのとりのゆりかご」(赤ちゃんポスト)が、熊本市の慈恵病院に開設されてまもなく10年になる。預けられたのは120人以上。子どもにとって最善の選択なのかという懸念も抱えつつ、望まない妊娠で孤立する母親たちが絶えないという現実を映している。

2007年5月10日に始まった「ゆりかご」は、預けられると看護師がすぐに駆け付け、子どもを保護する。病院は「命を救う最後の手段」と位置づけ、「まずは相談を」と呼びかけてきた。それでも当初から「安易な遺棄が増える」「子が親を知る権利を奪う」などの批判があった。

　運用状況を検証する熊本市の専門部会によると、08年度に最多の25人が預けられたが、11年度以降は10人前後で推移した。16年3月末までに預けられた125人のうち、親との接触などで判明した預け入れの理由は「生活困窮」「未婚」が上位を占めた。想定していたのは新生児だが、乳児や幼児もいた。障害のある子が少なくとも11人いた。医療機関にかからず、自宅や車中出産で生まれた子は57人。親の居住地は、熊本以外の九州が最も多く30件で、全国に散らばる。

　関係者によると、「学生同士でどうしても育てられません。出生届は出せなかったけれど、名前を付けて呼んでいました」との手紙と一緒に預けられた子もいる一方、おむつではなく生理用ナプキンを当てられた赤ちゃんもいた。

　専門部会は、命を救うために預けた切羽詰まった状況があった一方、自分の幸せを優先した「安易な預け入れ」もあったと認定。生後間もなく飛行機や新幹線で熊本に来る例もあり、「母親や子どもの生命にかかわる事故がいつ起きても不思議でない事例が多くあった」とも指摘している。

【賛成意見の解答例】
赤ちゃんポストは認められるべきであろうか。たしかに、親が子育てを安易に放棄してしまうという危険性がある。しかし、それでも赤ちゃんポストは必要だと考える。なぜなら、これまでに一定数の預け入れの実績があり、望まない妊娠で孤立している母親を救ったり、生活困窮・未婚など切羽詰まった状況から赤ちゃんの命を救ったりしてきたからである。したがって、赤ちゃんポストは命を救う最後の手段として認められるべきである。

【反対意見の解答例】
赤ちゃんポストは認められるべきであろうか。<u>たしかに</u>、望まない妊娠で孤立している母親を救うことができるという面はある。<u>しかし</u>、だからといって赤ちゃんポストを認めていいということにはならない。<u>なぜなら</u>、遠距離から預けに来て母子の命が危険にさらされる恐れがある他、新生児以外の乳児や幼児、障害のある子どもなどの安易な預け入れが助長される<u>からである</u>。<u>したがって</u>、赤ちゃんポストは認められるべきではない。

4．提出課題

配付される文章を読んで、賛成意見または反対意見を200字以内で主張しなさい。〔巻末ワークシート〕

5．第5章のポイントの復習

①文章には説得力が必要である
②説得力のある文章には、主張の根拠となる裏付けが必要である
③ひとつの論理構成の「型」を身につければ、論理的に主張できる
④声高に自分の意見ばかりを主張すると逆効果である。想定されうる反論を意識せよ

引用参考文献
樋口裕一（2016）『「伝わる文章力」がつく本』大和書房。

第6章　保育者の書き物を知ろう

古川　洋子・中島　美奈子

1. 第6章のナビゲーション・マップ

(1) 第6章の目的
　第6章の目的は、保育者になったら、現場で求められる書き物についていくつか紹介する。さらに、保育者はなぜ書くのかという疑問を少しでも解決し、書くことへの苦手意識から一歩前進できることを目指す。

(2) 第6章のチャート（概要）
　①保育所や幼稚園の頃を思い出してみよう
　②保育者はなぜ書くのか
　③保育者の書き物いろいろ

(3) 第6章のポイント
　①伝わる文章を書こう
　②読む人の気持ちを考えよう
　③子どもをよく見て、子どもの気持ちに気づこう

2. 保育所や幼稚園の頃を思い出してみよう

　あなたは、どんな保育所、幼稚園時代を送っていただろうか。ある学生は、「私の先生は、とても優しい先生だった。いつも、先生のそばにくっついて遊んでいた。膝の上に座って、絵本を読んでもらったことを覚えている。」と、話していた。保育者を目指している学生のなかには、保育所や幼稚園時代に出会った保育者の影響を受け、保育者を目指している学生もいるようだ。
　保育内容・表現の授業では、「保育所や幼稚園時代にもらった誕生日

カードや、登園するとシールを貼ったり、スタンプを押したりした出席カードなど、幼稚園や保育所時代の物を保管している人は、次の授業の時に持ってくるように」と、学生に指示している。

　そうすると、多くの学生が様々な思い出の品を持参する。学生が幼稚園や保育所でもらったものや、作ったものを大切にしていることに驚く。誕生日カードや連絡帳を持参する学生がほとんどだが、なかには、先生からのコメントつきの制作物や、先生からの手紙などもある。それらの思い出の品を他の学生と見せ合いながら、保育所や幼稚園の頃を振り返る時間は、保育者を目指す学生にとって、有意義な時間である。

　実際に、我が家にも子どもが幼稚園時代にもらったものや、作ったものがいくつか残っている。最初に、子どもが幼稚園からもらってきた誕生日カードに、次のような先生からのコメントがある。

「おもしろい○○くん。

　そして、みんなにやさしい○○くん。

　そんな○○くんがせんせいは、

　だいすきです」

保育者からの言葉がとても嬉しかったことを覚えている。

　子どもが保育所や幼稚園に行っている間、保護者のなかには、「泣いていないかな」、「友達と遊んでいるかな」、「給食を食べているかな」、などと子ども以上に不安な気持ちを抱えている保護者も多い。時には、子どもに気づかれないように、木の陰から子どもの様子をのぞいている母親の姿もある。だからこそ、保育者が子どもに書いた何気ない言葉が、保護者の喜びや、励ましになるのである。しかし逆に、何気ない言葉が保護者を不安にさせたり、悲しませたりすることもある。このように、保育者が書く言葉には大きな影響力があることを知っておかなくてはならない。

- 保育所、幼稚園時代の頃を思い出してみよう。
- 誕生日カードや連絡帳、お便りなどを探してみよう。

3．なぜ保育者は書くのか？

　保育実習や幼稚園実習を経験した学生からも、「書き物さえなければ、実習は楽しいのに」といった不満をよく聞く。しかし、保育者の仕事には、保育の計画や記録、保護者や同僚との連携のための「書き物」があり、書き記す作業が現場で求められる。

　保育者という仕事の特色として考えられることは、まだ言葉という道具を身につけていない乳幼児と日々関わるということである。言い換えれば、様々な乳幼児の気持ちや経験できた様子、成長の喜びを文字にして表し、伝え、残すことができるのは、子どもに日々寄りそう保育者しかいない。

　小学生にもなれば、子どもは自分の思いを少しずつ書き言葉として表せるようになる。小学校の先生は、子どもの言葉や書いた文字から、本人への指導方法を組み立てたりもできるだろう。しかし、幼い乳幼児は文字で表せる段階ではない。それでも、日々の生活で子どもは、細やかにまわりからの刺激を受け取る。あるときは、緊張して泣いて拒否したり、あるときは興味を持って小さな手を伸ばしたりと、表情や身体の様々な部分を使って確実に自分の思いを表現している。それは、とてもささやかな表現であったり、大人には理解しがたい行動もあったりする。しかし、子どもに寄り添っていると、ふと、「そうか、この子はこんなことが言いたいんだ！」と気づける瞬間がある。その時には、保育者は子どもとつながったような、何ともいえない嬉しさや感動がこみあげるものである。

保育者は何人もの子どもを受け持つ。それは、その人数分の感動を味わうということでもある。しかし、その感動は、それぞれの子どもに対する「気づき」から、子ども理解を深めていくことによってはじめて得られるものである。その「気づき」を保育者がそれぞれ持ち寄り、保育者同士が活動や環境をどのように組み立てていくかを話し合うことが、保育の向上につながる。さらに、その気づきを保護者に伝えることで、保護者とともに子どもの成長を味わうことにもなるであろう。まずは、子どもが見せる様々な側面に「気づき」を持つことができるよう、自分の感性を磨くことが必要である。さらに、できる限り言葉にして書き留めておく心構えが大切である。

　日々、書き留めたものが、子どもの記録や保育の計画の土台となったり、自分の保育を振り返る材料となったり、連絡帳で保護者に伝える素材になったり、子どもの作品や誕生カードに綴るメッセージとなったりと、様々なものに活かされていく。自分の受け持った子どもが、いつか文字が読めるようになった時、自分のことを書いてくれた保育者のメッセージをどんな気持ちで読んでくれるのだろうか。そう思うと、保育者としてワクワクせずにはいられない。まだ言葉にできない子ども自身の、気持ちや成長を言葉に表す保育者になれるよう、自分の書き記す言葉への感性や表現を大切にしてほしい。

4．保育者の書き物いろいろ

　保育者は書き物が多いことは、知っているだろう。しかし、どんな書き物があるか調べたことがあるだろうか。

これは、在職1年目の保育者からの話である。
「子どもが降園して職員室に戻ると、隣の席に座っている先生がノートに何か書いていました。先生は、在職5年目の先生です。毎日、ノートに書いているので、不思議に思い先生に『毎日ノートに何を書いているのですか？』と尋ねると、先生がノートを見せてくれました。そこには、先生のクラスの子どもたちの名前のスタンプが押してあり、『鉄棒ができるようになった。友達も一緒になって喜んでいた』、『嫌いな牛乳を少しだけ飲んだ。おいしくない顔をしていたが、ちょっと飲めたことが嬉しそうだった』など、先生は一人一人のことを思い出しながらノートに書いていました。『あなたもやってみる？短い文章でいいのよ』と言われ、先生の真似をして、私もやってみましたが、数人の子どものことしか書くことができませんでした。そのことを先生に伝えると、先生が1年目に書いたノートを見せてくれました。そのノートも、私と同じで数人の子どものことしか書いてありませんでした。先生から、『書けなくてもいいのよ。ただ、子どものことを覚えていなかったら、明日は必ず声をかけたり、一緒に遊ぶようにしたりすれば大丈夫よ』と、アドバイスをしてくださったので、毎日書くことは大変ですが、続けています。最近は、その日の出来事を覚えている子どもが増えてきたので嬉しいです。毎日書くようになって、少しずつですが子どもの思いを理解できるようになったので、保護者の方と話をしたり、指導計画を立てたりすることが、ずいぶん楽になりました。これからも、毎日書くことは続けていきたいです。」
　保育者が記録に残す内容のなかには、ささやかなことではあるが残しておきたいエピソード、保護者に伝えたいエピソード、同僚と共有したいエピソードなどもある。保育者は日々、保護者に発信したり、子どもの気持ちを代弁したり、自分の保育を振り返る手段として、書いて表現することは重要なことである。ここでは、うまく書く方法に加えて、どのような書き物があるのかも知っておきたい。さらに、あなたが少しで

も興味をもち、学生時代に取り組めることを見つけるためにも、いくつか事例を紹介する。

(1) 鉛筆の持ち方・字を書く時の姿勢

あなたの鉛筆の持ち方は、正しい持ち方だろうか？正しい姿勢で丁寧に文字を書くようにしよう。書いている文字が汚いと、心がこもった文章も相手に伝わらないこともある。また、「字形の誤り」は、提出物などにも多くある。自分の書いた物をよく見てみよう。誤って覚えている漢字は覚え直して欲しい。

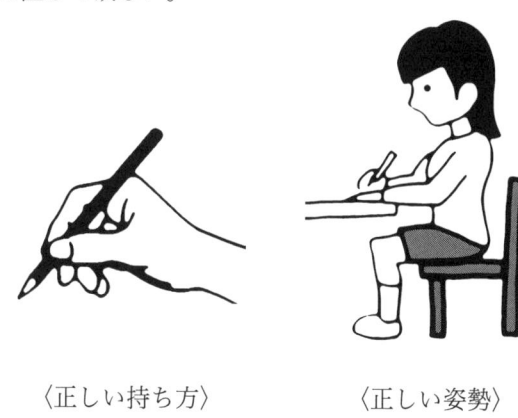

〈正しい持ち方〉　　〈正しい姿勢〉

【課題】下線部の平仮名を漢字にしなさい。
1. 財布をふんしつした。
2. 鏡に全身がうつる。
3. 公正なさいばんを行う。
4. 本殿をはいかんする

(2) 連絡帳の書き方

①連絡帳の役割

内容は様々であるが、保護者の気持ちをくみとり、連絡帳に返事を書

かなければならない。さらに、その日保育所で起こった出来事を、わかりやすく伝えることも求められる。次のことを特に意識することで、連絡帳が保護者と保育者をつなぐ、大切なツールとなる。

・子どもの状況を家庭と園で共有する。
・保護者の思いを受けとめる。
・毎日書くことで保護者の子育て意識を高める。
・保護者が知りたい、知っておく方がよい子どもの様子を伝える。
・保育者の考え方(専門性)を伝える。

②連絡帳の内容

園によって、連絡帳の内容は様々である。ここでは、ある保育園の連絡帳を取り上げて説明をする。0・1・2歳児は、体調が変化しやすく、自分では伝えることができないため、「健康状態」(就寝や起床時刻・食事内容・排便・体温など)、「1日の生活やあそびの様子」、「保護者からの質問や相談に対する返事」などを中心に、保護者と保育者が毎日やりとりをする。3歳児以上は、主に「園や家庭でのエピソード」、「連絡、相談事項」など必要に応じて記入する。

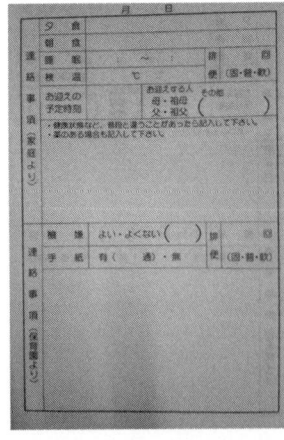 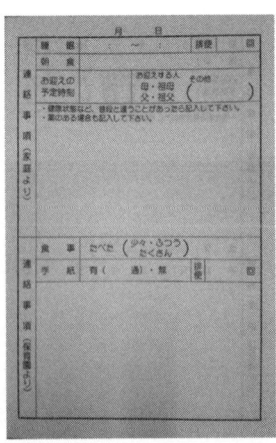

③連絡帳の事例から

　ここでは、実際に保育者が書いた連絡帳を参考にしながら、保護者に伝わりやすい書き方を考える。

> 【事例１：園より（２歳児）】
> ・Ｂちゃんが、たくさんおしゃべりしました。
> 修正例
> ・給食のときＢちゃんが「パパ会社、ママ病院、Ｂちゃん保育園」と話してくれました。この頃よくお話ができるようになりましたね！

　子どもの姿や成長を具体的に、目に浮かぶように書くためには、子どもの姿をよく見ていないと書けない。保育中に「このことを書こう！」と、見つける姿勢も必要である。具体的なエピソードを用いて報告することで、保護者に内容が伝わりやすく、保護者から信頼を得るのではないだろうか。

> 【事例２：園より（新入園児）】
> ・今日も、１日中泣いてばかりいました。
> 修正例
> ・Ａちゃん、泣いていても音楽が聞こえてくると泣き止むんですよ。きっと音楽が好きみたいですね！

　「今日も、１日中泣いてばかりいました」と、書いてある連絡帳を見て、保護者はどんな気持ちになるだろうか。否定的な表現を用いると、保護者はますます不安な気持ちになってしまう。子どもの姿は、肯定的にとらえ、成長が見える書き方を心がけたい。

保護者から、次のようなメッセージが連絡帳に書いてあった。あなたなら、どのように回答するか考えてみよう。

【事例３：家庭より（２歳児）】
　連休中はお出かけをして元気に遊んでいました。
　たっぷり食べたせいか、昨日の夜、ゆるめのウンチがたくさん出ました。咳も出るようになり、ちょっと心配です。

　例えば、「連休疲れかな？園ではあまり食べませんでした。いつもよりぐずぐずする姿が多かったです。」と、考えた人もいるのではないだろうか。それだけでは、気になる姿だけを記述し、対応が書かれていない。
　そこで、もう一度保護者のメッセージを読んで欲しい。保護者は、「ちょっと心配です」と、書いている。保護者のどんな気持ちが「ちょっと心配です」に込められているのか考えてみよう。保護者の気持ちを受けとめ、園の様子を保育者の思いと共に伝える回答に変わるのではないだろうか。

【回答例】
　楽しい連休でしたね。園では咳はしていませんが、連絡帳で知らせていただいたので、保育室で遊ぶようにしました。お友達におもちゃを貸してあげたりして楽しそうでした。最近お友達と遊びたい気持ちが出てきましたよ。

〈連絡帳を書く時のポイント！〉
①保護者の気持ちを受けとめる
②書いていただいたことを感謝する
③子どもを大切にする姿勢が伝わる表現を工夫する

④事実を伝える（具体的・客観的）
⑤肯定的な表現で
⑥他児と比べた書き方をしない
⑦書けたら読み直す習慣をつける

(3) メール配信

　連絡帳以外にも様々な連絡手段がある。最近では、多くの保育所や幼稚園で、メールやブログを活用して、保護者に情報を配信している。保護者にとっても、いつでも連絡事項が確認できるため便利な伝達方法である。

> 【事例1：0歳児クラスのメールから】
> 4月6日
> 　あかぐみさん初めての日、たくさん泣いてしまうかな…と思っていましたが、泣きながらもおもちゃに興味を示して手を伸ばしていました。マラカスを手に持ったり、ボールがコロコロ転がる玩具を繰り返し遊んだりと好きなおもちゃを見つけていました。明日も元気に来てね (#^^#)t
> 4月17日
> 　今日は小学校の周りをお散歩しました。散歩に出かける前に眠ることが出来たのでお散歩中は、おめめぱっちりでいろいろなものに出会いましたよ。通りかかった人に「かわいいね」と声をかけられたり、タンポポなどの草花、車もたくさん見ましたよ。「あっあー」「ぶっぶー」とたくさんお話をして楽しそうでしたよ。

　メール配信は、「今日は何をしたのかな？」と、保護者の不安な気持ちを軽減させるために行うものである。特に、自分で伝えることができない0歳児にとって、保育者が書くメールは、子どもの様子が目に浮か

ぶような内容であることが大切だ。子どもの姿を、ただ見たままに書くことはそれほど難しい作業ではない。しかし、保護者の気持ちに寄り添いながら、子どもの様子を伝えることは容易なことではない。いずれにしても、手書きのお便りを書くことが苦手であっても、メールで出来事を伝えることの方が得意な人もいるのではないだろうか。

> 【事例2：5歳児クラスのメールから】
> 4月5日
> 　新しいお友達を迎える入園式が行われ、みんなの前で「保育園で一番大きなつき組さん！」と紹介してもらったり歌を披露したりしました。へやに戻ってから「自由画」を描きました。話もせずに黙々と描き、絵の具を思い思いに塗ってしあげました。描きたいものが上手く描けるコツをつかんできた子が多く、画面に思いがいっぱいあふれていました。
> 4月19日
> 　今日は待ちに待っていたバスに乗っての園外保育でした！赤塚山公園の展望台まで頑張って登って、カブトムシ公園で遊びました！帰りには佐奈川の河原に咲いている菜の花や春の草花を見に行きました！おたまじゃくしやちょうちょ。色々な春の生き物にも出会えてましたよ♪子どもたちからお話を聞いてみてくださいね☆

　0歳児のメールの内容とずいぶん違いを感じるのではないだろうか。子どもの成長が感じられる内容である。メールは、登録している保護者であれば、どの学年のメールも見ることができる。保護者にとって、様々な年齢のメールを読むことで、我が子の成長の見通しを持つことができたり、成長したことに喜びを感じたりすることができるそうだ。5歳児だからできることだが、4月19日のメールでは保護者に対して、今日の出来事を子どもたちから話を聞いてみてくださいと投げかけている。

保護者に本日の出来事を確認してもらうだけではなく、このメールは家庭で保護者と子どもとの会話が弾むような働きかけも担っている。これは、連絡事項を比較的手軽に配信できるメールだからこそ、できる方法である。

(4) クラスボード

　その日の出来事をクラスボードに保育者が書いて、保護者や子どもたち、同僚に伝える手段がある。写真やイラスト、子どものつぶやきなどを使うことで、その日の活動をイメージすることができる。クラスボードを親子で見ながら、「○○をして遊んだのね」と、会話をしている様子や、「ママ見て、これ作ったよ」と、写真を指差しながら今日の出来事を話している子どももいる。毎日、保育者が書くことは大変ではあるが、ちょっとした工夫で、一目でわかる良さもあり、楽しみにしている保護者も多い。また、登園、降園時間は慌ただしく、すべての保護者に対応できないこともあるが、クラスボードを利用することで、忘れずに伝えることもできる。

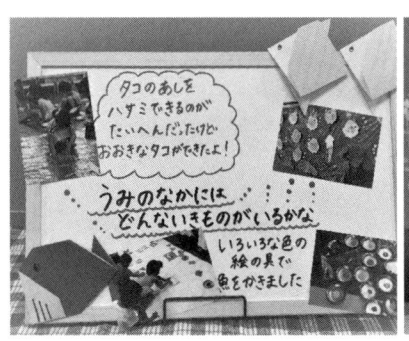
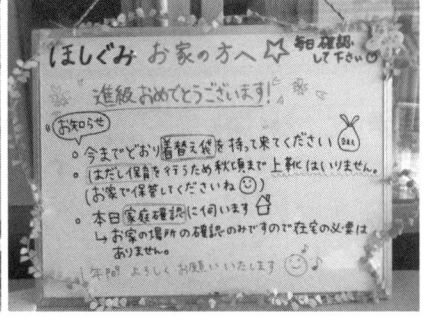

　話し言葉や、！マークや♪などの特殊記号はレポートや論文での使用は認められないことはこれまでの章で学んできた通りであるが、保育現場でのやりとりの場面では、相手に温かい印象を与える場合もある。状

況を適切に判断し、適宜使用しても良い。ただし、多用はイメージを悪くすることもあるため、自分だけで判断せず、同僚や上司に書いたものを読んでもらうことが大切である。

5．提出課題

1. ボードを使って、最近楽しかったことを、写真やイラストなどを使って紹介しよう。
2. 折り紙で制作した物を紹介することをイメージして、ボードを作成してみよう。

6．第6章のポイントの復習

①伝わる文章を書こう
②読む人の気持ちを考えよう
③子どもをよく見て、子どもの気持ちに気づこう

引用参考文献
田上貞一郎(2010)『保育者になるための国語表現』萌文書林。
木梨美奈子(2017)『保育で使える文章の教科書』つちや書店。

第7章　プレゼンテーションをしよう

久保田　英助

1. 第7章のナビゲーション・マップ

(1) 第7章の目的
　第7章の目的は、本テキストの第6章までに学習した日本語表現の基礎を土台にし、「説得力のある」話し方を身につけ、幼児教育の現場で発揮できるプレゼンテーション・スキルの向上を目指すことにある。

(2) 第7章のチャート（概要）
　①プレゼンテーション・スキルを向上させるには
　②プレゼンテーション・スキルとは
　③プレゼンテーションを準備する

(3) 第7章のポイント
　①プレゼンテーションが上手になるためのスキルを習得しよう
　②プレゼンテーションを準備し、グループで確認しよう
　③プレゼンテーションを実践しよう

2. プレゼンテーション・スキルを向上させるには

(1) プレゼンテーション・スキルとは
　第6章では、「実践的」な文章を書くことを学んだ。幼児教育の現場で実際に使える日本語表現力を身につけるために、繰り返し復習することが大切である。ただし、実際の保育・教育の現場では、文章を相手に見せて自分の考えを伝える場面ばかりでなく、口頭で伝える場面も多い。話して伝える場合、わかりやすい文章を書き、それを読み上げさえすれ

ば、それがそのまま相手にとってわかりやすい「話し方」になるわけではないことに注意しなければならない。「話し方」には「話し方」特有のテクニックがある。

　何らかの資料を提示しながら自分の意見を主張することを、「プレゼンテーション」と言う。あらゆる領域で情報化が進んでいるこの社会では、私たちは膨大な「情報」に囲まれて生活している。このような社会を「情報化社会」と言う。そこでは押し寄せる情報に流されることなく、自分の考えをプレゼンテーションし、相手に正しく理解してもらうことが、何にも増して重要となる。この情報化社会においては、幼児教育の現場でも、子どもたちだけではなく、同僚の教職員や保護者、地域の人々とコミュニケーションを図り、信頼される活動を行っていくためにも、プレゼンテーション・スキルが重要になる。

　ところで情報は、話し手と聞き手の双方の「伝達」と「理解」というプロセスによって伝わるものである。しかし、ここでは特に「伝達」に着目したい。たとえ価値のある情報を数多く持っていたとしても、「伝達」の仕方が悪ければ、聞き手が理解する情報量は少なくなる。重要な情報を持っていて、それを熱心に説明したとしても、相手に伝わらなければ意味がない。大切なのは「伝達の効率」である。

　つまり、プレゼンテーションにおいて大切なのは、話し手が提示する情報の質や量というよりは、むしろ最終的に聞き手に理解された情報の質と量ということになる。

　したがって、第7章では、聞き手に情報を効率よく伝達し、話し手と聞き手との間のコミュニケーションを豊かにするためのテクニック、すなわちプレゼンテーション・スキルを高めるための「コツ」をつかんでほしい。

　ただし、プレゼンテーション・スキルを高めるためには、この章だけを学べばいいわけではない。第1章「わかりやすい文を書こう」、第2章「正しい敬語を使用しよう」、第3章「要約文を書こう」、第4章「手順

の説明をしよう」、第5章「主張文を書こう」、そして第6章「保育者の書き物を知ろう」の各章で説明されている日本語表現の基本を十分に活かすことが不可欠である。

(2) プレゼンテーション・スキル

では、どのようにしたら伝達が円滑になるのだろうか。プレゼンテーションにも技術(スキル)がある。これから説明する12のポイントをしっかりと理解し、記憶し、そして今後どのような状況においてもこれらの技術を使って実践するように心がけていれば、あなたのプレゼンテーション・スキルは間違いなく向上していくはずである。

なお、ここでは、藤沢晃治著『「分かりやすい説明」の技術』(講談社)などを参考にして、必要最低限の「これだけは」というテクニックの紹介にとどめている。したがって、本章の内容をマスターしたのちに、さらに応用的なプレゼンテーション技術を習得したいという意欲があるのであれば、これらの本で学習するとよいだろう(引用参考文献を参照のこと)。

プレゼンテーション・スキルを向上させようという場合、自分が話そうと思っている内容を充実させることはもちろん重要だが、むしろ聞き手の何をどこまで把握し、それに合わせてどのように対応するか、ということが最大のポイントになる。「聞き手の関心をどうやって引きつけようか」、こうした姿勢で挑んでほしい。

そこで、まずは、話し手と聞き手とでは、その置かれている状況がまったく違うということを考えたい。その上で、どういう説明の仕方が効果的なのかについて説明していくことにしよう。

①聞き手との「時間のズレ」を考慮しよう

まずは、話し手と聞き手とでは、情報の理解に対する準備態勢という点で、大きな違いがあるということを理解しておかなくてはならない。

ここで言うところのプレゼンテーションにおける「時間のズレ」とは、

話し手が説明した時間と、聞き手がその説明を理解する時間との間にあるギャップのことを意味している。なお、『「分かりやすい説明」の技術』では、これを「タイムラグ」と呼んでいる。それでは、この「時間のズレ」とはいったい何なのか、具体的に示してみよう。

　例えば、スタジアムにおいてスポーツ競技大会の実施中、何らかのトラブルが発生し、警備員であるあなたは早急に観客を避難させなくてはならない、といった状況を想像してみてほしい。

　観客の多くは、トラブルの状況、スタジアムの構造、避難経路、緊急時の注意事項など、ほとんど何も知らないに違いない。訓練されているあなたは、対処方法を即座に理解し、それにしたがって観客を誘導しようとするだろう。しかし、観客に今何をすべきか説明したとしても、その内容を正確に理解し、即座に適切な対応をしてくれないことが考えられる。最悪の場合は、逃げおくれる観客が出てしまうかもしれない。

　あなた（警備員）と観客との違いはいったい何か。それは情報を頭で理解するための準備態勢が整っているかどうかという点、すなわち、持っている知識の量に大きな違いがあるという点である。実は、プレゼンテーションでの話し手と聞き手との間でも同じ状況になっている。

　プレゼンテーションを行うにあたって、あなたは自分が選んだテーマに関する数多くの資料・データ・研究などを調査し、分析する。そうであれば、あなたが選択したテーマに関して、聞き手の誰よりも、そのテーマについて多くを考え、さまざまな知識を持っているはずである。

　一方、はじめてあなたの説明を聞く人は、あなたが伝えたい内容に関して、ほとんど知らないケースが多い。

　このように、話し手と聞き手とでは、そのテーマに関する理解の準備

態勢、持っている知識の量がまったく異なっているのである。それでは、知識の量にこれほどの差があることで、どういう不具合が生じるのであろうか。すなわち、あなたが伝えた情報が、聞き手の頭の中できちんと整理されて理解されるまでに、ある程度の時間がかかってしまう。これこそが時間の「ズレ」にほかならない。

　では、この「ズレ」をなくすにはどうしたらいいのか。スタジアムでの緊急事態の事例で言えば、観客を落ち着かせるために今何をすべきかをゆっくりと説明することが重要であろう。説明する側も、焦って早口で説明してしまうと、聞き手は余計に混乱するばかりで、正確に理解させることが困難になるに違いない。聞き手が理解するのを待って、ゆっくりと説明する。つまり、理解するための時間をつくることが重要なのである。これはプレゼンテーションにおいても同じである。何よりもまず、ゆっくりと話し、重要なポイントについての説明のあとには若干の間をあけるなどして、聞き手の理解を待つことが不可欠なのである。

②全体像を提示しよう

　しかし、「ゆっくりと説明する」ことは消極的な技術である。危険が間近に迫っている場合には、そんな悠長なことを言っている余裕はないかもしれない。では、どうしたらいいのか。事前に緊急事態における避難の概要を連絡しておくなど、観客の行動がスムーズになるための準備作業をしておくといった積極的な対応が不可欠であろう。ところで、緊急時における対処法の概要を与えておくと、なぜ緊急時であっても比較的スムーズに説明の内容を理解させることができるのであろうか。経験したことのない事態に出くわすと、何が起きているのか、それはどれくらいの規模のものか、自分は何をすべきかなど、色々なことが頭の中で渦巻き、情報の整理に失敗して混乱してしまうのである。したがって、そうした事態を想定して、事前に予備知識を与えておけば、聞き手はその知識にもとづいて情報を整理することができる。理解のスピードが格

段に上がるというわけである。

　プレゼンテーションでも同様のことをすればいい。最初に、避難マニュアルのような予備知識を与え、理解すべきことの全体像を示しておくのである。なお、全体像とは「概要」のことである。「まず概要を話す」ということは、プレゼンテーション・スキルの中でも基本中の基本であると言っても過言ではない。

　例えば、いきなり12のスキルを一挙に説明してから、最後に以上のような概要を話すのと、最初に概要を話してから細かいスキルを順に説明していくのとでは、どちらがわかりやすいか考えてみてほしい。これは何の説明で、どれくらい大切か理解しないまま細かい説明を聞き、最後の説明で「ああ、これはプレゼンテーション・スキルの解説で、とても大切なことだったんだ」と気づくのと、最初に説明の概要とその重要性を知ってから、細かいスキルを学んでいくのとでは、理解の程度が違ってくるのは当然であろう。

　③間をとりながら強弱をつけて話そう
　①で「ゆっくりと話す」ことの重要性を説明したが、ただ「ゆっくり」であればいいわけではない。「間をとりながら強弱をつけて」ゆっくりと、である。なお、『「分かりやすい説明」の技術』では「しみいるように」と表現しているが、それだけでは足りない。時には熱を込めて、なかば強引に関心を引きつけることも必要である。

　音楽というものを考えてみると、その始まりから終わりまで、ひとつの連続した旋律で構成されているわけではない。その中に多くの「間」があることは知っているだろう。なぜ間があるかと言えば、その時間を利用して、そこまでのメロディーを聞き手の心にしっとりと「しみいらせる」ためである。また、音の強弱についても一定ではない。盛り上がる部分では迫力ある音が奏でられる一方で、静かにゆっくりと進んでいく部分もある。

これと同じように、「間をとりながら強弱をつけて」話すというのは、ある一定の情報を話したら、少しだけ時間をおき、聞き手の理解を待つということを意味する。ポイントとポイントの間で、聞き手の情報処理が終わるまで「間」を置き、次の情報を提示することを少しの時間だけ控える。何よりも強調したいポイントの部分では、特に熱く語りかけるように心がけてほしい。そしてそのあと、少し待つのである。

早口はもちろんダメだが、だらだらと切れ目なく話すこともダメである。ただし、やたらと間を置けばいいというわけではない。時間は限られている。次のポイント④、⑤、⑥を意識しながら、説明のどの部分に間を置くべきか、時間配分に気をつけて考えてみてほしい。

④声は大きく、聞き取りやすく

声を大きく、聞き取りやすくすることは、あまりにもわかりきったポイントではあるものの、意識していないと案外忘れがちである。声を腹のあたりから大きく出し、はっきりと聞きやすい声で話すように心がけること。どうしても人前で話すことが苦手な人もいるだろう。しかし、それを自分の性格だからとあきらめてはいけない。声が小さくて、自分の説明が相手に正確に伝わらないと、信じられないミスにつながるおそれがある。大きな声ではっきりと連絡事項を伝達しないと、重要な情報の共有に失敗し、重大な問題を引き起こすかもしれないので、注意してほしい。声の大きさには個人差があるが、聞き取りやすいかどうかは声の大きさだけではない。言葉の一言ひとことを正確にはっきりと発音するように心がけていれば、ある程度の改善は望めるだろう。また、先にも指摘したが、早口にならないことも重要である。ゆっくりと「間をとりながら強弱をつけて」話すよう、繰り返し練習すること。

⑤聞き手にあった説明をしよう

先ほどのスタジアムの例で言えば、聞き手が女性、子ども、身体の不

自由なお年寄りなのか、体力のある男性なのかなど、説明する相手が違えば、話す内容も違ってくる。

　プレゼンテーションの準備をするにあたっても、聞き手が誰かを事前に把握するという基本作業を欠かすことはできない。聞き手が、主婦、サラリーマン、新人保育士、中堅保育士、専門研究者などと異なれば、それにあわせて説明の内容の程度や、進め方など工夫する点が違うのは当然のことであろう。

　事前に聞き手の人物像を頭に入れておくと、準備したプレゼンテーションをチェックするときに、正確に見直しすることができる。専門研究者であれば、難解な専門用語をそのまま使ってもすんなり説明できるかもしれないが、聞き手が高校生であれば、その用語の意味を簡単な言葉を使っていねいに説明しなければならないだろう。逆に、聞き手が専門研究者の場合では、当たり前の基本用語の説明に時間を費やしてしまうと印象が悪くなる。そういったチェックができる。

⑥説明もれを防ごう

　聞き手をしっかりと意識していないと、「この情報は聞き手もすでに知っているだろう」と思い込んでしまうことも多い。自分にとってあまりにも当然なことであるため、聞き手が知らないにもかかわらず、聞き手も自分と同じように知っているだろうと誤解し、説明を省略してしまうのである。

　省略してはいけない説明を省略してしまうことは、絶対に避けなければならない。しかし逆に、説明を省けるのにわざわざ時間をかけて話してしまうことも、決していい説明とは言えない。わかりにくい説明になるのは、必要な説明を省いてしまった場合であるが、わかりきったことを説明してしまうのも時間の無駄づかいで、上手な説明とは言えない。説明もれがないか、過剰な説明をしている箇所はないか、必ず事前にチェックしておこう。第三者に自分のプレゼンテーションを前もって聞

いてもらい、こうした点に注意してチェックをしてもらうとよい。さらに、想像力を働かせて、自分自身がはじめてその説明を聞く人の気持ちになって、見直してみることも必要である。

⑦反応を見ながら話そう

　プレゼンテーションには、聞き手を「説得」するという目的があるが、必ずしも最初は、あなたの主張を「そのとおりだ」と聞き手は思ってくれないかもしれない。話し手は、現場の幼児教育者のように、保育・教育の場を取りまとめる存在であると言える。その場合、説得とは「自分の意図どおりに理解してもらい、そのとおりに動いてもらうこと」ということになる。聞き手の意識を一定の方向に誘導していこうという明確な意図と戦略を持って説得しなければ、聞き手はしたがってくれないだろう。

　では、どうしたら「説得力」のある話し方になるのであろうか。その最大のポイントは相手を見ながら話しているかどうか、である。具体的には、相手の反応や表情を常に意識することで聞き手は何を知りたがっているのかをチェックし、その期待に応えるような説明をすることである。しかし、それはそう簡単にできることではないだろう。

　したがって、ここでは聞き手の意識を、簡単な方法で自分の意図する方向に導いていくための戦略を２つ紹介しよう。ひとつは、「聞き手に対して質問する」ことであり、もうひとつは「まとめ言葉を使う」ことである。

　a. 聞き手に質問しよう

　聞き手に質問を投げかけたり、問いかけたりすることは、説明した内

容を確実に理解させる上で、非常に有効な手段となる。

　では、どのタイミングで質問すると有効なのか。一般的に、質問のタイミングには、説明の「前」と「後」との2種類があり、それぞれ効果が異なる。

　比較的よく使われるのは「後」の質問であろう。学校の先生や塾の講師などは、何らかの情報を伝達した「後」で、「わかりましたか？」のようにその内容について生徒に質問する。そこには、教えた内容を確認し、復習し、まとめる効果があるからである。

　しかし、プレゼンテーションにおいて重要になってくるのは、「後」の質問ではなく、「前」の質問である。

　「前」の質問とはいうものの、いったいどのような説明の「前」で質問すべきなのか。もちろん、どのような質問でもいいわけではない。やはり「キーポイントの前」で質問するのが効果的である。キーポイントの前で聞き手に問いかけ、そのキーポイントを強調し、聞き手の注意をそこに引きつけるのである。

> 【「前」の質問の例】
> 　なぜ、幼い子どもたちと関わるのが主な仕事である幼児教育者にもプレゼンテーション・スキルが重要なのだと思いますか？

　こうした問いかけを行うことで、「次に、この質問の答えを説明しますので、注目してください」ということを暗示しているのに気づくに違いないだろう。

　説明を聞いているとき、聞き手はそれを理解しようと頭を懸命に動かして考えている。しかし、時には理解することに失敗し、情報を取りこぼしてしまうこともある。どのような授業であれ、先生の説明してくれた内容をすべて理解し、記憶することができるような学生はまずいな

い。もちろん、テーマの本質とあまり関係のない小さな情報を取りこぼしたとしてもそれほど問題はないだろう。しかし、根幹にかかわってくるような情報は、何が何でも正しく理解され、記憶されなければならない。どのような授業においても「これだけは知っておくべき」という情報と、そうではない情報とがあるものである。少なくとも重要な情報だけは、正しく効果的に伝えたいという場合に、「前」に質問するというテクニックを使うとよい。質問をすることで、聞き手の注意をその部分に引きつけ、次に出てくる重要な情報に集中させるのである。

さらに、「前」の質問が持つ効果には、「次に重要な説明が来る」ということを強調するということだけではなく、これからの話の「概要」を説明するという効果もある。例えば「なぜ、幼児教育系の学生にもプレゼンテーション・スキルが重要なのだと思いますか？」という質問は「それでは次に、幼児教育系の学生にとってのプレゼンテーション・スキルの重要性について解説しますよ」と言っているのと同じ効果がある。

このように、「前」の質問は、「次に重要な説明が来ることの暗示」と「次に出される情報の概要説明」という２つの役割によって、聞き手の理解を格段にスムーズにすることができるのである。

ただし、質問をあまりに多用してしまうと、その効果が薄まってしまう。ある程度キーポイントを絞って活用することが大切である。こうした点についても、事前に第三者にチェックしてもらうといいだろう。

b.「まとめ言葉」を使おう

話し手からの情報は、聞き手の頭に取り入れられ、分析され、そして理解されるが、理解を最後に後押しするのが「まとめ言葉」である。

例えば、「要するに……」「何が言いたいのかというと……」「つまり……」「結局……」などの言葉である。もし、意味がはっきりつかめなかったとしても、これらのまとめ言葉によって、聞き手は理解の方向性が固まり、納得させることができるのである。

⑧具体的な説明ばかりをしないようにしよう

　これまで、概要説明の重要性について繰り返し説明してきた。それでは、情報の細部にまで踏み込む詳細な説明と、この概要説明とのバランスはどのようにとっていけばいいのであろうか。

　ある事柄を調査し、分析する場合は、どこまでも細部にわたって緻密な作業が求められる。特に子どもたちの細部にまで目を配らなければならない幼児教育の場面においては、なおさらであろう。しかし、プレゼンテーションにおいては、調べた全てのことを細かく話さなければならない、というわけではない。やたらと詳細な説明に時間をかけてしまい、いちばん伝えなければならないはずの核心部分にかかわる説明が、ほんのわずかしか触れられていないようなプレゼンテーションを見かけることがあるが、これではダメである（ある一定の限られた時間、たとえば5分ならば5分で、聞き手を引きつけるような情報をプレゼンテーションしなければならない）。

　一方、まったく逆のタイプのプレゼンテーションも多い。すなわち、非常に大雑把な説明だけをしてしまっているのである。たしかに、少ない時間で大きな内容を話すことはできるだろうが、大雑把すぎてテーマに関する情報量が貧弱すぎ、その話を聞いただけでは、ぼんやりとしか理解することはできない。

　これらの弱点は、具体的な説明と、抽象的な説明のどちらかにかたよりすぎているということにある。ただし、抽象的という言葉のほうが嫌われがちで、実際に「もっと具体的に説明しなさい」と注意されたことがあるのではないだろうか。逆に「具体的すぎる」とか、「くわしすぎる」とかいった内容の批判を受けたことはあるだろうか。おそらくはないであろう。このように、「具体」は善、「抽象」は悪というのが一般的な印象となっている。

　抽象性の特徴は、「指し示す範囲が不確定である」という点にある。

日常生活の中では、範囲が確定しない悪い抽象性を含んだ説明で満ちあふれている。「こんどの新しい携帯プランは、すごくお得ですよ」（どれほど、どのように得になるのか？）、「たくさんの人が被害に遭いました」（10人？　100人？　1000人？）など、いくらでも目にすることができる。

しかし、抽象的な説明のすべてが悪いものではない。実はここにプレゼンテーションにおける重要なポイントがある。抽象的な説明を上手に活用することによって、そのプレゼンテーションの内容をさらにふくらませることができるのである。

ものごとを理解するには基本的に次の2つの視点が不可欠である。それは「部分」と「全体」である。どちらにかたよっていても、ものごとを正確に理解できたということにはならない。そして、この「部分」と「全体」は、「具体性」と「抽象性」とに関係する。すなわち、「部分」を説明するには具体的な説明が必要であり、一方「全体」を理解するためには抽象的な説明が必要ということである。そして、この「全体」こそが、これまでに繰り返し述べている「概要」にほかならないのである。

詳細な「部分」ばかりを見ていたら、全体を見渡せないだろう。そこで、ときどき「全体」を提示しなければならない。「部分」と「全体」とを上手におりまぜながら説明を進めていくようにしよう。そのためには、説明したいことの「全体」＝概要を短い言葉で説明できるようにしておかなければならない。話したいことを「要約する」技術を磨いておこう。

⑨聞き手が知っている事例や比喩を使おう

誰でも知っている事例にたとえて説明すると、「なるほど。ああ、そういうことか」と理解させやすくなる。

その場合、具体的な事例だけではなく、誰でもよく知っているような比喩を利用することも有効であろう。比喩とは、一見すると関係のないような事柄でも、その本質部分においては同じであるのを示すことである。

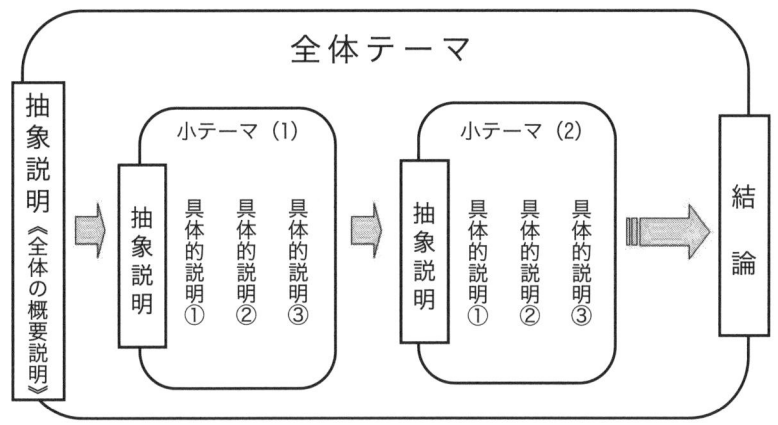

　これらは、概要説明を行うに場合に、特に有効なスキルとなる。すなわち、「これから私が説明しようとしていることは、あなたがすでに知っているあの事例と同じですよ」、「世間でよく言われている、あの比喩と同じことを言いたいのですよ」というように、聞き手の立場からわかりやすく概要を説明することができるのである。

　比喩を使いこなせるようにするには、格言やことわざを普段から仕入れておき、いつでも使えるように慣れておくことが不可欠であろう。

⑩論理的に主張しよう

　一方、具体的な説明を筋道立てて進めていくためには、その内容をどこまでも「論理的」なものにしなくてはならない。論理的でなければ、根拠のない説明ということになってしまうからである。

　プレゼンテーションをできるだけ論理的なものにするためには、準備した資料をチェックしながら、リハーサルを繰り返さなければならない。その際、聞き手がどう反応するかを想像しながら「こう反論してきたら、こう説明する」というように考えてみることである。実際のプレゼンテーションでは、その場で聞き手が反論することは多くはないが、黙って聞いているようで、実はけっこう批判的に聞いているものである。そうい

う聞き手の批判をイメージして、論理をととのえていかなければならないのである。

⑪提示物は字を大きく読みやすく

　プレゼンテーションでは、選挙演説のようにただ自分の主張を自分の声で説明するだけではなく、パソコンのプレゼンテーションソフトなどを使用し、強調ポイントを短くまとめた文章でわかりやすく示し、図表や写真などを用いて視覚的に訴えることも重要なテクニックのひとつとなってくる。しかしその際、ひとつの提示物の中に、やたらと細かい情報をごちゃごちゃと入れ込み、会場の隅からよく見えないようなものを提示してはいけない。また、複雑すぎる図表が示され、その内容をほとんど理解できないような場合もある。ひとつの提示物を示す時間は、実際にはかなり短いということを踏まえ、ひと目でそれが何を意味しているのかわかるようなものにすべきである。提示物には、読みやすい字の大きさ、はっきりとわかりやすく複雑すぎない図やグラフ、鮮明な写真を用いるように心がけることが大切である。

　プレゼンテーションの善し悪しは、提示物の質によっても大きく左右される。わかりやすく、見やすく、斬新で興味深い資料を提示することで、説得力がぐっと増すであろう。ただし、あまりに見た目に懲りすぎてしまい、字体（フォント）や色使いなどを奇抜なものにしてしまうと、逆効

果になる。

　以上のポイントは、事前に第三者にチェックしてもらうことで改善することが可能である。練習の際には、かならず提示物も用意しておくことが必要である。

⑫時間配分は適切に

　プレゼンテーションを行う場合、設定された開始時刻と終了時刻を守ることは、最低限の義務である。正確に時間を計り、実際に声に出して練習しておこう。なお、声を出すのと、出さないのとでは、話すスピードが大きく異なるので注意すること。決められた時間を1秒でも超過した場合、その時点でプレゼンテーションを強制的に打ち切られるということも多い。自分の主張が最も濃厚な「結論」部分を、しっかり説明することができなかったとしたら、そのプレゼンテーションの評価は一挙に落ちてしまう。

　事前に声に出して練習してみたとき、大幅に時間を超えていたらどうすればいいか。もっとスピードアップして話せばよい、というわけにはいかない。ゆっくりと、間をとりながら、強弱をつけて話さなければ説得力のあるプレゼンテーションにはならないことは、すでに理解できているはずである。その場合には、不必要な部分をカットしたり、ある部分を短くしたりしなければならない。まず、自分の主張したい内容の根幹にそれほどかかわってはこない部分を、カットしスリム化する。次に、そうした部分をカットしても、まだ時間がオーバーしているようであれば、「要約」する。説明が詳細すぎるところはないだろうか。もう少し簡単にまとめても十分に聞き手に伝わるような部分はないだろうか。そうした部分をまとめることによって、時間の短縮を図るのである。

　逆に、プレゼンテーションの時間が短かったとしたら、説得力の足りない部分や弱い部分を探し出し、それを補強するような説明や資料をつけ加え、時間を調整することが必要である。

3．練習問題―プレゼンテーションを作成しよう

(1) プレゼンテーションの準備
　プレゼンテーションの準備作業は以下のとおりである。
　　①プレゼンテーションのテーマを決める
　　②アウトラインをつくる
　　　a. タイトル
　　　b. 主張の概要を示す（目的）序論
　　　c. 主張の本体をつくる
　　　d. 結論を確定する
　　③リハーサルをする
　　　a. 1人で時間を計りつつ練習を繰り返す
　　　b. 第三者にチェックをしてもらう
　　　　□ 流れは適切か
　　　　□ スライドの枚数は適当か
　　　　□ 適宜、グラフなどを入れているか
　　　　□ 論理的な説明になっているか

(2) グループ練習
　自宅でリハーサルを繰り返したあとは、授業のグループワークで、お互いのプレゼンテーションをチェックする作業を行う。
　プレゼンテーションがうまい人にはひとつの共通点がある。それは、「他の人のプレゼンテーションを見たときに、それに対してよい点・悪い点が具体的にいくつも的確に指摘できる」ということである。すなわち、他人のプレゼンテーションをしっかりと見る目を持っているということでもある。これは、他人のプレゼンテーションから自分に使えるポイントを具体的なレベルで読み取り、吸収することができるということ

を意味している。

　その逆もまたしかりである。「人のふり見てわがふり直せ」という言葉があるように、他人のプレゼンテーションから、自分の弱点にも気づかなければならない。

　なお、グループワークには巻末のワークシートを用い、それぞれのプレゼンテーションのよい部分や悪い部分を、これまでに示したスキルの有無の観点から指摘すること。そして、複数のプレゼンテーションを見くらべ、それぞれの長所・短所をはっきりとさせる。そして、自らのプレゼンテーションに対する評価を検討し、どう改良するか考えてほしい。

4．課題プレゼンテーション

(1) テーマ「どのような保育者になりたいか」

　プレゼンテーションのテーマは、「どのような幼児教育者になりたいか」にしよう。

　なぜ、このテーマなのか。それは、この授業を通じてプレゼンテーション・スキルを高め、説得力のある話し方ができるようになるだけではなく、プレゼンテーションを準備する過程で、自らの夢を具体化し、これから主体的に学んでいくために必要な課題を見つけてほしいからである。

　きっかけは様々であろうが、あなたは将来幼児教育に携わる者になるべくして進学し、これから授業でさまざまなことについて学び、自らの理想像に近づいていこうと意気込んでいるはずである。「なぜ幼稚園教諭になりたいのか」「なぜ保育士になりたいのか」、それらの進路を決めるきっかけには、過去に良い幼児教育者との出会いがあったのではないだろうか。この機会を利用して経験を思い起こし、あなたに影響を与えた人物を、自らの具体的な目標に置き換えて、是非みんなの前でプレゼ

ンテーションしてみてほしい。

(2) ルール
①発表時間は１人５分間に限定する。短すぎることも、長すぎることも、減点対象となる。プラス・マイナス 15 秒以内で調整すること。
②プレゼンテーションをする相手は、同クラスの学生と教員である。彼らの持つ知識の量などを推測し、それに見合ったわかりやすい説明にすること。ありきたりな幼児教育者像を示せば、それだけ準備しやすく、聞き手にも説明がしやすくなるかもしれないが、準備不足なプレゼンテーションの場合には、インパクトの無い印象の薄い内容になってしまうだろう。
③５分間に合ったトピックを選択する。
④提示資料を準備する。書画カメラで資料をスクリーンに投影する。
　・Ａ５判の紙に準備
　・ワープロソフト、プレゼンテーションソフトなどを用いる
⑤５分間で話すための読み上げ原稿を別に準備する。ただし、本番では、読み上げ原稿はできるだけ見ないようにすること。講師がずっと下を向いたままぼそぼそしゃべるような授業を思い起こしてみれば、その理由がわかるだろう。したがって、「話す内容」と「見せる内容」をよく考えること。

(3) 評価のポイント
評価は、できれば複数の教員によって別々の観点から行うことが好ましい。

①評価者Ａ：技術的評価　10 項目×５点＝50 点
　以下の 10 項目の評価基準にしたがって客観的に評価する。
　◆導　入

1．聞き手との時間のズレを考慮していたか？
　2．全体像の提示は適切だったか？
◆プレゼンテーション・スキル
　3．声は大きく、聞き取りやすかったか？
　4．提示物は字が大きく読みやすかったか？
　5．間をとりながら強弱をつけて話していたか？
　6．聞き手の反応を見ながら話していたか？
　7．時間配分は適切だったか？
◆総合評価
　8．聞き手にあった説明をしていたか？
　9．説明はわかりやすかったか？
　10．全体の出来ばえを5段階で評価すると？

②評価者B：主観的評価　50点
　以上のポイントのほかにも、プレゼンテーションの良し悪しが決まってくるようなところもあるだろう。それは話し手のキャラクターかもしれないし、テーマの内容そのものから来るものかもしれない。それは基準として明確に設定することができない部分だと言える。そうした箇所を含め、全体を評価者の観点から主観的に評価する。

(4) その他の準備および注意事項
①話し手は、自分のプレゼンテーションの内容に関する、3つの小問題を用意しておくこと。問題の内容は、プレゼンテーションを聞いてさえいればわかるような簡単なもので、正解は○×で答えられるようなものにする。
②聞き手は、プレゼンテーションの内容を適宜ノートにとり、問題に答えられるように準備しておくこと。
③改善すべきと思ったポイントや、疑問に思った点、さらに知りたい

と思った点などを書きとめておき、あとで質問できるように準備しておくこと。

5．第7章のポイントの復習

〈よいプレゼンテーションにするためのポイント〉
　　○ゆっくりと話すよう心掛けること
　　○最初に概要を説明すること
　　○間をとりながら強弱をつけて話すこと
　　○声は大きく、はっきりと話すこと
　　○聞き手に合わせた説明の内容を考えること
　　○聞き手も知っていると思い込まず、説明もれをなくすこと
　　○聞き手の反応を見ながら話すこと
　　　・聞き手に対して質問する
　　　・「まとめ言葉」を使う
　　○具体的説明と抽象的説明をバランスよく行うこと
　　○聞き手が知っている事例や比喩を使って説明すること
　　○論理的な主張をすること
　　○掲示物は字を大きく読みやすくすること
　　○時間配分を適切に調整すること
　　○事前にリハーサルを行い、第三者にチェックしてもらうこと

引用参考文献
藤沢晃治(2002)『「分かりやすい説明」の技術』講談社。
諏訪邦夫(2005)『理系のための上手な発表術』講談社。
平林純(2009)『論理的にプレゼンする技術―聴き手の記憶に残る話し方の極意』

ソフトバンククリエイティブ。
ガー・レイノルズ (2014)『プレゼンテーション ZEN』丸善出版。

補章　文章を書くにあたっての決まりごとを知ろう
―引用・注文・参考文献などのルール―

加藤　万也

1. 補章のナビゲーション・マップ

(1) 補章の目的

　この章では、正しい文献や論文を書くためのルールについて説明する。そのルールの中で、論旨を支えるために引用する他者が書いた文章や先行研究論文、そしてデータなどをどのように記述し、どのようにリスト化するのかを習得する。

(2) 補章のチャート（概要）
　①文章を書くルール
　②引用とは何か
　③著作権の考え方
　④引用の種類（直接引用と要約引用）
　⑤引用の記述方法（括弧方式・注方式）
　⑥注の種類とつけ方
　⑦文献リストの作り方

(3) 補章のポイント
　①自分が書きたい内容をわかりやすい言葉で要約し、結論を想定する
　②自分の考えを「引用」によって説得力を持たせる
　③著作権の考え方を知り、著作権侵害や剽窃を避ける
　④直接引用は一字一句変えず、間接引用は内容を要約して記述する
　⑤出所は、著者名・出版年・ページ数の３点セットを明記する
　⑥文献リストによって、論文の質が左右される

2．文章を書くルール

　大学では、レポート課題を書く機会はもちろんのこと、発表のための原稿や小論文によるテストなど、自分の考えをまとめて文章にする機会は多くある。そうした時に、単に自分が感じたことや思ったことを記述するだけでは「作文」になってしまい、大学で学ぶ者としてふさわしい文章力を身につけているとはいえない。そこで、ここまで学んできた日本語表現法をふまえて、どういう書き方をすべきなのかをこの補章で説明していく。

　何が言いたいのか伝わらない文章には、多くの場合、共通点がある。それは、自分の了見（考え）だけで書き進めてしまう「主観的」な文章という点である。逆に見れば、伝わりやすい文章というのは、「客観的」な意見を踏まえた文章だといえる。客観的な文章というのは、自分の意見だけで論旨を進めるのではなく、ひとつの意見に対し一般的にどのように考えられているかを検証し、それをもとに自分の考えと照らし合わせることで、誰にでも伝わる考えとして文章にしたものなのである。わかりやすい文章、伝わりやすい文章を書くことを常に意識し、客観性を持った文章を書くことで、文章力が上がるだけでなく、自分の考えを整理し、自分自身の理解を深めることにもつながる。

　それでは、どのような手順で書くのがよいのかを説明する。わかりやすく伝わりやすい文章を書くにあたっては、最初に自分が伝えようと思っている内容を「できるだけわかりやすい言葉」にすることがスタートだ。書くという作業は一種の「創造」といえる。思いついたことをただ漫然と書いてはならない。全体の骨格（構造・構成）を考え、章や項目を立てて、「ここではこういうことを論じ、次にこういうことを論ずる」というような組み立てを考えていくことで、自分がこれから論じようとする考えが整理されていく。文章を書いているうちに、自分が何を言い

たかったのかわからなくなってしまっては、読み手は当然ながら困惑してしまう。みちくさ・寄り道・まわり道だらけの文章で読み手を迷子にさせることを避けるために、文章を書く前に自分の考えがブレないように整理しておかなくてはならない。そして、最終的な結論としてどのようなことを書こうとしているのか、ゴールを見据えておくのが伝わりやすい文章を書くコツである。

　保育や教育について学ぶ学生諸君は、文章によって正確に事実を伝えなくてはならない機会がこれから何度も訪れる。それは実習での日誌などの記述だけでなく、職場に出てからも子どもの様子を正確に記録する機会は多くあり、また保護者に子どもの様子を正確に伝える上でも必要である。つまり、正確に伝えられる文章を書く能力は、将来、希望する職業に就いてからも継続的に求められる。そのことを胸に刻みながら、この章での理解を深め、確かな文章力を身につけてほしい。

3．引用とは何か

　レポートなどを書いている時に、自分の考えを書いているつもりでも、実は何らかの影響を受けたことで生まれた考えだということは意外と多いものである。そのため誰かに「どうしてそう思うのか？」と聞かれて返答に困ったことはないだろうか。自分の考えを正確にまとめるためには、できるだけ自分の考えを振り返り、どうしてそう思うのかを「客観的」に捉えていることが重要である。その客観的に捉えるための方法として最も有効なのが、先人の考えや記述を用いて「○○によって、こう述べられている」と補い、自分の考えの根拠として示す方法であり、それを「引用」と呼ぶ。先人の考えを利用することは決して恥ずかしいことでも悪いことでもない。むしろ先行研究をしっかり整理し、今どのようなことが課題となっているのかを理解しておくことは大切な準備なのである。

文章を書くことにおいて引用が有効なのには他にも理由がある。それは、引用することで自分の文章に説得力を持たせることができる点である。思い起こして欲しい。小学生の時に「先生だって言ってたもん」と口にしたり、聞いたりしたことはなかっただろうか。それは自分の意見を、先生も同意しているということで、さらに強力にするための作戦だったわけだ。自身の考えの根拠を示すには、ある意味でそれと同じように、引用という武器がとても有効なのである。そんな素晴らしい武器だが、使い方にはルールがある。それは「著作権侵害」や「剽窃」（他人の文章や言い回しなどを無断で盗んで使うこと）にならないためのルールである。ここからは、引用にはどのようなルールがあるかを詳しく説明していこう。

(1) 著作権の考え方

　あなたたちは「著作権」という言葉を聞いたことがあるだろうか。著作権とは、著作権法という法律において「思想または感情を創作的に表現したものの内、文学・学術・美術・音楽の範囲に属する著作物に対して発生する知的財産権」と定義されており、それを無断で利用されないように保護するための権利のルールである。少々難しい言い方になってしまったかもしれない。ではもっと簡単に説明するならば、文化的な創作物（文芸・学術・美術・音楽など）を保護するために法律によって守られた権利のことなのである。また著作権のある創作物のことを著作物といい、著作権を持つ著作権者の承諾なしに無断で著作物を利用すると、著作権侵害になってしまう。また、著作権者に無断で著作物の内容や題名変更したりする場合は、著作者人権侵害にあたる。

　他人の家財（持ち物）を勝手に使用することが犯罪に当たることは、誰でも理解できるだろう。また無断で借りるのもイケナイ行為だとわかるだろう。それは文章でも同じで、誰かが創作したものを勝手に借りたり使ったりするのは犯罪行為と同じなのである。あなたが文章を執筆する時は、常にこうした著作権侵害や著作者人権侵害にならないようにルー

ルを守らなければならないのである。たとえ課題レポートであっても、過去の文献などの著作物から文章を引用するのであれば、その引用文の出所をはっきり示すことは、ルールとして決められている。たとえ自分と同じ考えだと思っても、過去の文献の意見をそのまま自分の意見のように書くことは禁じられているのだ。

(2) インターネットからの引用

　学生のレポートや論文を見ると、書籍からの引用については出所を明記することができても、インターネットからの引用に関してはかなり認識が曖昧だと思わざるを得ないケースが多い。調べ物や情報収集するのにとても便利なインターネットだが、インターネットの情報には必ずしも確実だと言えない情報もたくさん散らばっており、専門知識の少ない学生諸君はつい「これだ！」と飛び付いてしまっているかもしれない。誰でも気軽にインターネット上に情報を書き込むことができるので、いい加減な執筆者はインターネット上に不確実な情報をまるで真実であるかのように書くこともありえる。肝心なのは、そういう不確実かもしれない情報に対して「確実性」を見極めることだ。そのための方法として有効なのが、その情報の元となっている情報にまでさかのぼり、その情報の真偽を確かめるという方法である。

　最近のインターネットの世界では、「オリジナルをあえて変質させ、その変質性を楽しむ」という「二次創作」と呼ばれるものが賑わっている。これはひとつの「文化」だという見方もあるが、この本で述べている「正確な文章を書く」という立場とは考え方が異なる。それはともかく、インターネット上で見つけた情報を簡単に鵜呑みにするのは、危険な場合もあるだろうし、別の視点では、自分の判断力や知識の低さを露呈してしまうことにもなりかねないので注意が必要である。

　だからといって、インターネットからの引用をすべて否定しているわけではない。インターネットというフィールドは、優れた文章・わかり

やすいグラフや表・魅力的な画像やイラストなどの宝庫である。だからこそ、インターネット上の情報の真偽を見極めた上で、出所を正確に示し、適切な形で引用するのであれば、非常に利便性の高いツールであることはいうまでもない。それらを踏まえた上で、インターネットを利用するときには、利用する側にもしっかりとした意識が必要なのである。

4．引用の種類と記述方法

(1) 引用の種類（直接引用と要約引用）

　一般的に、引用をする場合には次の2種類の方法が多く用いられる。ひとつは「直接引用」で、もうひとつは「要約引用（間接引用ともいう）」である。それぞれに特徴があり、自分の文献や論文にふさわしい方法を選択しよう。またできるだけ一つの文献においては、引用形式を統一することが一般的である。

　まず、直接引用とは、他人の書いた文章をそのままの形で掲載する方法をいう。それは、一字一句書き変えることなく正確に写すことがルールとなっている。一般的に、文系の論文などで多く見られる傾向があるといえよう。また、引用する箇所が3行以上にわたる長い文章の場合には、直接引用を用いることが多い。だからといって引用しすぎるのも良いとはいえない。例えば、ページのすべてが「カギ括弧」でくくられた直接引用で占められる文章を書くなどという超長文の引用は避けなければならない。

　一方、要約引用とは、過去に書かれた文献や先行研究を要約しながらまとめて引用する方法のことで、数多くの事実を複合的に述べる必要がある理系の論文で用いられることが多い。この引用方法は、引用したい箇所が多箇所にわたる場合や分量が多い場合に用いられる。要約引用する場合は、原文の文意・内容を勝手に変えたりしないようにすることが

最も重要である。また、どこからが他者の主張で、どこからが自分の主張なのかを分ける必要もある。そのための方法として、「〇〇によると」と原著者の名前を明記したり、「指摘される」や「述べられる」という引用時によく用いられる述語を用いたりすることが望ましい。

　保育学・教育学系の論文では、直接引用の手法を用いることが多い傾向にある。それは、他者の見解を正確に示すことで、「どのような意見を参考にして自分の考えを構築するに至ったのか」を明確にすることに有利だからだ。その場合は上述したように、原文を一字一句変更することなく引用しなければならないということに注意しよう。

(2) 引用の記述方法（括弧方式・注方式）

　直接引用にせよ要約引用にせよ、文章の中で引用として記述するには、一般的に括弧方式と注方式という2種類が多く用いられる。ここでは、①括弧方式と②注方式の引用例をあげて解説していく。

①括弧方式の例

　括弧方式では、(著者名＋出版年＋ページ数)の3点セットをマル括弧に入れた後に、文末・巻末に文献リストを掲載することが多い。文献リストの作成方法は後で述べる。直接引用と要約引用を用いた括弧方式の例をそれぞれ見てみよう。なお、一般的に原著書の情報は(マル括弧)に、引用文は「カギ括弧」でくくることが多い。

　|直接引用・括弧方式の例|　―重要な語句の説明に用いる場合
　厚生労働省『児童虐待相談対応件数の推移』によれば、全国の児童相談所での児童虐待に関する相談対応件数は、「児童虐待防止法施行前の平成11年度に比べ、平成24年度は5.7倍に増加」している(倉知、2016、p.68)。核家族化や地域とのつながりの希薄化、子育ての不安や悩みを抱えて孤立する保護者も増えており、虐待の数も年々増え、養育力の低下

が指摘されている。

要約引用・括弧方式の例　―先行研究を踏まえて、実証的・応用的に検討する場合

　倉知 (2016) は、近年特に注目されている全国の児童相談所での児童虐待に関し、相談件数が急増していることを指摘し、孤立する保護者についての対策を論じている (p.68)。またその要因が、核家族化や地域とのつながりの希薄化であるとし、子育ての不安や悩みを抱える保護者も急増していることとの関連性を指摘している。

②注方式の例

　注方式の場合は文献情報のほとんどすべてを注に載せる。注方式をとる場合も、文末・巻末に文献リストを載せるのが一般的である。以下の例文と、章末の注を合わせて見てみよう。

直接引用・注方式の例　―重要な語句の説明に用いる場合

　厚生労働省『児童虐待相談対応件数の推移』によれば、全国の児童相談所での児童虐待に関する相談対応件数は、児童虐待防止法施行前の平成11年度に比べ、平成27年度は8.9倍に増加している。核家族化や地域とのつながりの希薄化、子育ての不安や悩みを抱えて孤立する保護者も増えおり、虐待の数も年々増え[1)]、養育力の低下も指摘されている。

要約引用・注方式の例　―先行研究を批判的に検討し、新たな課題を示す場合

　全国の児童相談所での児童虐待の相談件数が急増している要因として、孤立する保護者に焦点を当てた先行研究もある[2)]。それは、核家族化や地域とのつながりの希薄化にも関連があり、子育ての不安や悩みを抱える保護者が急増している[3)]こととの相関性を指摘している。

注

1) 厚生労働省(2016)「平成27年度　児童相談所での児童虐待相談対応件数(速報値)」。
2) 遠山景広(2016)「大都市における子育て家族の社会的孤立要因 ― SSP2015を用いた地域信頼度の分析より―」北海道大学大学院文学研究科『北海道大学大学院文学研究科研究論集』第16号、pp.209-230。
3) 町沢静夫(2004)「孤立化し無力感を深める家庭の問題」金子書房『児童心理』第58巻第17号、pp.1605-1614。

(3) 注の種類とつけ方

　注には、「脚注」と「後注／文末注」の2種類がある。脚注(footnote)は、本文で注をつけたそのページの末尾(下部)につける方法で、後注／文末注(endnote)は、本文全体の末尾に注をまとめて示す方法だ。

　注には、語句などを説明する機能と、引用に関する文献情報を載せる機能などがある。本文で書くほどではないけれど、執筆者によって定義が異なると考えられるような語句は、注で取り上げると読者にわかりやすくなる。また、語句などを説明する場合には「保育所保育指針とは……」、「教育ボランティアとは……」のように、重要と思われる語句の説明を付けるのも良いだろう。

- 上付き文字で"番号のみ"を記載する例　　　　　「……[3]」
- 上付き文字で"注＋番号"を記載する例　　　　　「……[注3]」
- 「 」の外に上付き文字で"番号＋片括弧"を記載する例「……」[3)]
- 「 」の外に注番号を記載する例　　　　　　　　「……」1

　なお、この本の各章の最後には、実際の「引用参考文献」としてリストを掲載してあるので、表記の仕方など参考にしてほしい。

(4) 文献リストの作り方

　レポートや論文、プレゼンテーション発表にいたるまで、その最後に文献リストを掲載しなければならない。読み手や聞き手は、文献リストが充実していると、その論説の質が高いと感じるだろう。その文献リストには、取り上げた分野で読んでおくべき本や論文が含まれていることが望ましい。

　プレゼンテーションでの発表では、発表時間の制約から、文献リストを省略するケースが見受けられるが、適切な引用を心がけ、少なくとも主要な文献はリストとして掲載することが必要である。プレゼンテーションの内容をもとにして、その後に論文として構成し執筆することもあるため、文献リストを掲載することは書き手にとってもメリットがあるのだ。

　日本語の文献リストを作る場合には、必ずこうしなければならないという形式はない。とはいうものの、河野哲也 (2002)『レポート・論文の書き方―第3版―』(慶應義塾大学出版会) や、櫻井雅夫 (2003)『レポート・論文の書き方　上級　改訂版』(慶應義塾大学出版会) など、定評のある参考書を見れば一定の形式を知ることができる。あるいは、書店に出向き「レポートの書き方」「論文の書き方」「文章」「表現法」など自分が読みやすいと思う参考書を手にするのもよいだろう。もし指導教員や先輩が推薦する参考書があれば、その本を買って手元に置き、有効に活用するようにしよう。

　では、実際にどのように文献リストを作ればいいのだろうか。特によく利用される資料の種類に絞って、文献リストの例を挙げていく。

　|著書|　「著書」とは、執筆者が書き記した書物のことを指す。
　書き方：著者または編集者 (出版年)『著書名』出版社名、ページ数。
　(例1) 平岩幹男 (2015)『乳幼児検診ハンドブック　改訂第4版』診断と治療社、p.95。

(例2) 鴨下重彦監修・桃井真理子・宮尾益知・水口雅編(2009)『ベッドサイドの小児神経・発達の診かた』南山堂、p.68。

|論文|　「論文」とは、研究成果などを論理的な手法で書き記した文章を指す。
書き方：著者名(出版年)「論文名」発行組織『雑誌名』巻数・号数、ページ数。
(例1) 大神英裕(2002)「共同注意行動の発達的起源」九州大学大学院人間環境学研究科『九州大学心理学研究』第3巻、pp.29-30。
(例2) 上田誠二(2014)「占領・復興期の混血児教育 ―人格主義と平和主義の裂け目―」歴史学研究会『歴史学研究』第920号、pp.34-46。

|新聞記事など|　「新聞記事など」は、新聞や定期刊行物に掲載された記事である。
書き方：新聞名、「記事名」、新聞社名、発行年月日、(ページ数)。
(例1) 朝日新聞、「保育所こそ地域の中で」、朝日新聞社、2009年5月22日朝刊。
(例2) 日本経済新聞、「外国人活用を人材各社支援」、日本経済新聞社、2005年10月19日朝刊、p.7。

|インターネットからの資料|　インターネットから引用した文章である。
書き方：サイト名　アドレス(URL)(閲覧日)。
(例1) 教育課程企画特別部会「論点整理」 http://www.mext.go.jp/b_menu/shingi/chukyo/chukyo0/gijiroku/__icsFiles/afieldfile/2015/09/29/1362371_2_1_1.pdf (2017年12月25日閲覧)。
(例2) 久喜市立久喜小学校 http://www.kuki-city.ed.jp/kuki-e (2017年12月30日閲覧)。

これらの例で示したように記述するのが一般的なルールだ。改めて、

剽窃（他人の文章や言い回しなどを無断で盗んで使うこと）は違法行為であることを認識してほしい。そして引用に関する様々なルールを知ったうえで、自分の意見と他人の意見とを明確に切り分けて記述することを心がけよう。そうすることにより、あなたの意見が、より質の高い論述や発表として受け入れられるのだ。

5．練習問題

【課題1】
　第3章の練習問題を用いて、直接引用と要約引用の括弧方式を両方含んだ要約文を書いてみよう。①直接引用は、重要な語句を説明するために、原著者の表現に手を加えずその意図を正確に伝えるという引用方法で、②要約引用は、自らの主張をサポートする（あるいは批判する）ための引用方法である。重要な語句とは、モンテッソーリ教育、幼児、幼稚園や保育所、などが挙げられる。

【課題1】の解説と解答例
　ここでは、第3章の練習問題をもとにして、直接引用と要約引用の両方を用いた解答例を示す。最初の段落は直接引用（下線部）で、次の段落は要約引用（下線部）の形をとっている。

> 　感覚教育法に基づくモンテッソーリ教育が再び支持されている。それは、「世界で活躍する多くの著名人が、感覚教育法に基づく教材で自発性や創造性を育てるモンテッソーリ教育を受けていた」ためである。
> 　しかし、日本とアメリカのモンテッソーリ教育を比較すると、アメリカでは幼稚園から高校まで数多く存在するのに対し、日本では幼稚園や保育所に限定されているという課題が見つかる。

【課題2】
　保育に関するレポートとして「私たちをとりまく社会」というテーマでレポートを書くことになったとしよう。参考にした資料をリストアップし、以下のような参考文献リストを作成した。このリストにおいて、加筆すべき点、修正すべき点、気をつけなければならないルールが守られていない点があるかどうか、じっくり見ることで考えてみよう。

参考文献リスト
鹿野政直，２０００年,『日本の現代』岩波ジュニア新書
内閣府HP「平成26年版子ども・若者白書（全体版）」
厚生労働省HP「保育所等関連状況取りまとめ（平成28年4月1日）」
湯浅誠, 2008,『反貧困―「すべり台社会」からの脱出』岩波新書
今村仁司『抗争する人間』講談社選書メチエ，2005年

【課題2】の解説と解答例
　まず、形式が統一されていないことに気づけただろうか。例えば、出版年の書き方で、著者の後ろにあるものや、リストの末尾にあるものなどまちまちである。リスト内では統一することは重要な決まり事だ。また、フォントも資料によって異なっており、また半角と全角の数字が混じりあっていて、とても見づらい。見やすくするために、リストの先頭には印をつけるのも良いだろう。
　また、疎かにしがちなのが、ホームページからの引用の場合、アドレス（URL）と閲覧日を明記することである。ホームページは頻繁に更新されるので、閲覧日を記すことを忘れてはならない。
　さらに細かくいうと、リストの最後には「。」（「.」の場合もある）を付けるようにしよう。それによって、文献の終わりを示す意味があるからである。そうした点を踏まえて修正すると、以下のようになる。これを一

つの解答例として捉えてほしい。

参考文献リスト
・今村仁司（2005）『抗争する人間』講談社選書メチエ。
・厚生労働省HP「保育所等関連状況取りまとめ（平成28年4月1日）」
　https://www.mhlw.go.jp/stf/houdou/0000176137.html（2018年12月21日閲覧）。
・内閣府HP「平成26年版子ども・若者白書（全体版）」
　https://www8.cao.go.jp/youth/whitepaper/h26honpen/pdf_index.html（2018年12月13日閲覧）。
・鹿野政直（2000）『日本の現代』岩波ジュニア新書。
・湯浅誠（2008）『反貧困―「すべり台社会」からの脱出』岩波新書。

6．補章のポイントの復習

① 自分が書きたい内容をわかりやすい言葉で要約し、結論を想定する
② 自分の考えを「引用」によって説得力を持たせる
③ 著作権の考え方を知り、著作権侵害や剽窃を避ける
④ 直接引用は一字一句変えず、間接引用は内容を要約して記述する
⑤ 出所は、著者名・出版年・ページ数の3点セットを明記する
⑥ 文献リストによって、論文の質が左右される

参考文献

公益社団法人著作権情報センター（CRIC）http://www.cric.or.jp/qa/hajime/hajime8.html

加藤万也・柴田哲谷・小幡肇編(2015)『子どもと向き合うために　保育職教育職を目指す皆さんへ』愛知学泉大学出版会。

おわりに

　「目上の同僚と会話する際の敬語がなっていない。」「日誌の文章が日本語になっていない。」「電話での受け答えがうまくできない。」保育実習や幼稚園実習の巡回指導に赴くと、園の実習担当の保育士や教諭から実習生に対して以上のような言語能力に関する指摘をしばしば受ける。そのたびに、「実習後に大学で改めて日本語の指導をいたします。」などと釈明をしなければならない。しかし実際には、日本語能力は一長一短にして身につくものではなく、ある程度長期的な計画に基づいた指導をしていくことが不可欠である。そのためにはまず、初年次での指導が鍵になる。

　確かに近年、高等教育機関の初年次教育において日本語表現に関する科目が続々と設置され、関連のテキストも出版されはじめている。しかし、かならずしもこれらの取り組みが、実際に職業社会で使える言語能力の習得にまで行きついているとは言えないというのが現状である。実践的な言語能力を習得するためには、やはり学習者の専門分野に即し、労働の現場を意識しつつ、日本語の学習を行うことが望ましい。しかし、ことに幼児教育系に限ってみれば、専門領域と関連させた日本語表現の授業研究や実践報告は少なく、幼児教育系に特化した日本語表現のテキストもわずかしかない。こうした現状を踏まえ、愛知学泉大学では、将来保育士や幼稚園教諭を目指す学生に保育実践力の基礎となる日本語能力を身につけさせるためのテキストを作成することになったのである。

　本書は森下稔編集代表・大岡紀理子・谷口利律・鴨川明子編『第三版　理工系学生のための日本語表現法―アウトカム達成のための初年次教育―』(東信堂、2016年刊)とそのシリーズ本として出版された森下稔監修・吉田重和・古阪肇・鴨川明子編『体育・スポーツ系学生のための日本語表現法―学士力の基礎をつくる初年次教育―』(東信堂、2016年刊)を下書

きとしつつ、各章において保育士や幼稚園教諭などの幼児教育系の職業に求められる実践力の基礎固めを行うことを強く意識して、内容を大幅に修正した。各章の特徴等については、「はじめに」に記した通りである。

　本書を初年次教育の教材例として手に取っていただいた主に教員の方々に対して、使用法について説明しておきたい。本書は、愛知学泉大学家政学部こどもの生活専攻が設置する初年次教育科目「基礎演習Ⅰ」での使用を想定したものであるが、幼児教育系の学科や専攻を持つ他の教育機関でも、すぐにでも授業で使用できるよう配慮して作成されている。なお、基本的な使用方法については、東京海洋大学における初年次教育の実践に基づいている。東京海洋大学同様、愛知学泉大学の「基礎演習Ⅰ」でも、ティーム・ティーチング制が採用されており、1クラス約70名の学生に対して3名の専任教員が分担で授業を運営している。

　前期（前学期）15回の講義は各90分であり、1章ごとの講義の構成は大きく分けて3つの段階からなる。第1段階として、学生は、各章別に30分程度の講義を聴講し、練習問題が課される。なお、練習問題に取り組む時間も、この30分の中に含まれる。第2段階として、ワークシートとして用意された課題を解き、授業中あるいは授業終了時に提出する。ワークシートの課題に取り組む時間としては、20分程度は確保したい。教員は、第7章を除くすべての章で、授業中に提出された課題のうちの数名分を選択して、匿名性を維持しつつ学生全員の前で採点する。これを「採点実況」と呼んでいる。具体的には、書画カメラで撮影した答案をプロジェクターでスクリーンに投影し、学生全員が見ている前で赤ペンを用いて採点する。この作業には約20分程度費やすこととなる。

　最後の第3段階は、最も大切にしたい段階である。この段階では、課題が学生にいったん返却される。学生自身が読み直し、改善すべきポイントに気づき、自分の返却された課題を修正し、再提出する。所要時間は約15分である。ここでは教員側があらかじめ設定した模範解答に近づける方向で修正するのではなく、学生の解答を生かしつつ、教員の助

言を参考にしながら学生自身が修正・改善することに留意したい。

本書が大切にしていることは、個々の学生の主体的な思考・判断を促し、学生独自の創造的な表現方法を評価することであり、すなわち上述のように学生の学習成果を現場で教材化することによってその意図が明確化される。すべての学生が能動的にならなければ、本書が目指している日本語表現能力は伸ばせない。そのための仕掛けとして、模範的なものを押しつけるのではなく、自分自身で書いた日本語をその場で生きた教材として、クラス全体においても、個々人においても活用していく手法が大切であると考えている。

成績評価については、授業中に作成し提出される評価資料7点に基づく。ただし、評価資料7点のうち2点以上が未提出または不可（D）の場合は、50点がつけられる。なお、愛知学泉大学では単位修得のための合格最低点は60点である。評価資料は、原則的に5段階評価（S、A、B、C、D）で採点され、それぞれ順に、90点、80点、75点、60点、50点の評点が与えられる。ただし、前述した修正作業により10点加点される場合もある。また、評価資料が未提出あるいは不可（D）の場合、返却から3回後の授業まで再提出できる。その結果、合格水準に達した場合にはC（60点）の評価に上書きされる。評価資料7つの得点合計を7で割った点数が、本授業の総合成績における90％分に割り当てられる。なお、愛知学泉大学では、残りの10％は「社会人基礎力」の評価分であり、簡単に言えば授業態度や学習姿勢などが点数化される。社会人基礎力の詳細については本学のホームページをご覧いただきたい。

最後に、本書の出版にあたって多くの方のお力添えをいただいたことに感謝したい。ここでは特に、お二方の名前を挙げさせていただきたい。出版を引き受けていただいた東信堂の下田勝司氏は、『理工系』、『体育・スポーツ系』につづき『幼児教育系』のテキストの作成も実現させたいという執筆者らの申し出をご快諾してくださっただけでなく、温かい励ましと多大なるご理解・ご協力もくださった。また、『理工系』テキ

ストの編者であり、本書を監修してくださった森下稔氏（東京海洋大学教授）は、『幼児教育系』を『理工系』の姉妹版として認めてくださり、内容や編集等についても多くのアドバイスをくださった。本書は、お二方の深いご理解とご支援があって初めて世に出ることができたといっても過言ではない。両氏のご厚情について、ここに記して深く感謝したい。

　2019年　春

　　　　　　　　　　　　　　　　編者を代表して　久保田　英助

【執筆者略歴】

中島　美奈子（なかじま　みなこ）
　明照保育園（認定こども園）主幹保育教諭、豊橋創造大学短期大学部 幼児教育・保育科客員教授、豊橋市教育委員会教育委員
　子どもが豊かに成長しうる生活・子育て・教育環境の在り方について日々実践研究を重ねている。
　専攻：保護者支援、保育方法論

古川　洋子（ふるかわ　ようこ）
　名古屋学院大学スポーツ健康学部こどもスポーツ健康学科講師
　名古屋経済大学大学院人間生活科学研究科幼児保育学専攻修了。愛知教育大学幼児教育専攻卒業後、名古屋市内の私立幼稚園で勤務。
　専攻：幼児教育、保育教材研究

吉田　智美（よしだ　ともみ）
　愛知学泉短期大学非常勤講師
　ビジネス実務、キャリアデザイン科目を短大、大学にて担当。
　専攻：キャリアデザイン、人間関係学
　主要著作：岡野絹枝編集代表『よくわかる社会人の基礎知識―マナー・文書・仕事の基本』（共著、ぎょうせい、2019年）ほか。

大岡　ヨト（おおおか　よと）
　早稲田大学大学院教育学研究科博士後期課程単位取得満期退学
　ニューヨーク大学大学院修士号取得
　現在、早稲田大学・共立女子大学非常勤講師
　専攻：日本教育史、幼児教育
　主要著作：湯川次義編著『よくわかる教育の基礎』（共著、学文社、2012年）。湯川次義編著『新編よくわかる教育の基礎』（共著、学文社、2016年）。湯川次義編著『最新よくわかる教育の基礎』（共著、学文社、2019年）ほか。

加藤　万也（かとう　まんや）
　愛知学泉大学家政学部教授
　美術作家として、国内外での公立美術館およびギャラリーでの個展・グループ展など多数開催。
　専攻：現代美術研究

【編者略歴】

久保田　英助（くぼた　えいすけ）
早稲田大学大学院教育学研究科博士後期課程単位取得満期退学。博士（教育学）。
現在、愛知学泉大学教授
専攻：日本教育史
主要著作：湯川次義・久保田英助・奥野武志編著『最新よくわかる教育の基礎』（共著、学文社、2019年）。久保田英助『男の性道徳の近代―セクシュアリティをめぐる葛藤の歴史―』（東信堂、2019年）ほか。

大岡　紀理子（おおおか　きりこ）
早稲田大学大学院教育学研究科博士後期課程単位取得満期退学
現在、早稲田大学・共立女子大学非常勤講師
専攻：日本教育史、幼児教育
主要著作：湯川次義編著『よくわかる教育の基礎』（共著、学文社、2012年）。湯川次義編著『新編よくわかる教育の基礎』（共著、学文社、2016年）。森下稔編集代表、大岡紀理子・谷口利律・鴨川明子編『第三版　理工系学生のための日本語表現法』（共著、東信堂、2016年）。湯川次義編著『最新よくわかる教育の基礎』（共著、学文社、2019年）ほか。

【監修者略歴】

森下　稔（もりした　みのる）
九州大学大学院教育学研究科博士課程単位取得後退学
現在、東京海洋大学学術研究院教授
専攻：比較教育学、タイ教育研究
主要著作：山田肖子・森下稔編著『比較教育学の地平を拓く―多様な学問観と知の共働―』（共編著、東信堂、2013年）。森下稔編集代表『第三版 理工系学生のための日本語表現法』（東信堂、2016年）ほか。

幼児教育系学生のための日本語表現法――保育実践力の基礎をつくる初年次教育

2019年6月25日　　初　版　第1刷発行　　　　　　〔検印省略〕

＊定価はカバーに表示してあります

編者©久保田英助・大岡紀理子　発行者 下田勝司　　印刷・製本／中央精版印刷

東京都文京区向丘1-20-6　　　郵便振替00110-6-37828
〒113-0023　TEL(03)3818-5521　FAX(03)3818-5514　　株式会社 東信堂　発行所

Published by TOSHINDO PUBLISHING CO., LTD
1-20-6, Mukougaoka, Bunkyo-ku, Tokyo, 113-0023, Japan
http://www.toshindo-pub.com/　E-mail：tk203444@fsinet.or.jp

ISBN 978-4-7989-1561-6　C3037　　©Eisuke Kubota, Kiriko Ooka

第3章 要約文を書く課題

20　年　　月　　日（　）
日本語表現法：第　　回

学籍番号　　　　　氏名　　　　　　　　評価　　S　A　B　C　D

課題：新聞の社説を200字に要約してください。

【要約】（200字）

【改善ポイント】

第4章　手順の説明文を書く課題

20　年　月　日（　）
日本語表現法：第　回

学籍番号　　　　　　　氏名

評価　　S　A　B　C　D

課題：

【手順の説明】

1. ＿＿＿＿＿＿＿＿＿＿＿＿＿＿＿

2. ＿＿＿＿＿＿＿＿＿＿＿＿＿＿＿

3. ＿＿＿＿＿＿＿＿＿＿＿＿＿＿＿

4. ＿＿＿＿＿＿＿＿＿＿＿＿＿＿＿

5. ＿＿＿＿＿＿＿＿＿＿＿＿＿＿＿

6. ＿＿＿＿＿＿＿＿＿＿＿＿＿＿＿

【改善ポイント】

【手順・方法説明】　　　　　　　　　　【改善ポイント】

7. _____
   _____
   _____

8. _____
   _____
   _____

9. _____
   _____
   _____

10. _____
    _____
    _____

11. _____
    _____
    _____

12. _____
    _____
    _____

13. _____
    _____
    _____

第5章 主張文を書く課題

20　年　月　日（　）
日本語表現法：第　回

学籍番号　　　　　　氏名　　　　　　　評価　S　A　B　C　D

課題：配布される文章を読んで、主張する文章を200字で書きなさい。

【主張（200字）】

【改善ポイント】

日本語表現法　第　回　プレゼンテーション練習グループワークシート　　　　　教室　グループの発表順番　　　　　ボーナス点　　　

①名前_____　学籍No._____
仮タイトル_____

②名前_____　学籍No._____
仮タイトル_____

③名前_____　学籍No._____
仮タイトル_____

④名前_____　学籍No._____
仮タイトル_____

⑤名前_____　学籍No._____
仮タイトル_____

⑥名前_____　学籍No._____
仮タイトル_____

⑦名前_____　学籍No._____
仮タイトル_____

⑧名前_____　学籍No._____
仮タイトル_____

⑨名前_____　学籍No._____
仮タイトル_____